NARRATIVAS

epistemologias pretas em narrativas insurgentes

NARRATIVAS

epistemologias pretas em narrativas insurgentes

Vitória Régia Izaú
Maria Angélica dos Santos
ORGANIZADORAS

LETRAMENTO

Diretor Editorial | **Gustavo Abreu**

Diretor Administrativo | **Júnior Gaudereto**

Diretor Financeiro | **Cláudio Macedo**

Logística | **Vinícius Santiago**

Comunicação e Marketing | **Giulia Staar**

Assistente de Marketing | **Carol Pires**

Assistente Editorial | **Matteos Moreno e Sarah Júlia Guerra**

Designer Editorial | **Gustavo Zeferino e Luís Otávio Ferreira**

Dados Internacionais de Catalogação na Publicação (CIP) de acordo com ISBD

E64	Epistemologias pretas em narrativas insurgentes / Ana Flávia Rezende ... [et al.] ; organizado por Vitória Régia Izaú, Maria Angélica dos Santos. - Belo Horizonte, MG : Letramento, 2022. 196 p. ; 15,5cm x 22,5cm. ISBN: 978-65-5932-174-2 1. Educação. 2. Afrobrasileiros. 3. Epistemologias. I. Rezende, Ana Flávia. II. Santos, Cláudio Emanuel dos. III. Santos, Danielly Mendes dos. IV. Diniz, Guilherme Augusto. V. Oliveira, Hilton César de. VI. Silva, Joselina da. VII. Santos, Lorene dos. VIII. Gonçalves, Luiz Alberto Oliveira. IX. Santos, Maria Angélica dos. X. Meirelles, Marlene do Carmo. XI. Gonçalves, Matheus Henrique Velozo. XII. Santos, Paulo Gustavo da Costa. XIII. Araujo, Ridalvo Felix de. XIV. Neves, Rikelle Aparecida Ribeiro. XV. Campos, Rogério Cunha. XVI. Silva, Santuza Amorim da. XVII. Izaú, Vitória. XVIII. Título. CDD 370 CDU 37
2022-2611	

Elaborado por Vagner Rodolfo da Silva - CRB-8/9410

Índice para catálogo sistemático:
1. Educação 370
2. Educação 37

GRUPO ED.
LETRAMENTO

Rua Magnólia, 1086 | Bairro Caiçara
Belo Horizonte, Minas Gerais | CEP 30770-020
Telefone 31 3327-5771

editoraletramento.com.br ▲ contato@editoraletramento.com.br ▲ editoracasadodireito.com

SUMÁRIO

PREFÁCIO

RESGATE

Sou negra ponto final
Devolvo-me a identidade
Rasgo minha certidão
Sou negra
Sem reticências
Sem vírgulas sem ausência
Sou negra balacobaco
Sou negra noite cansaço
Sou negra
Alzira Rufino, *Ponto final*

O poema *Ponto final* de Alzira Rufino nos alinha com aquelas que marcam nossa história de mulheres negras acadêmicas e ativistas no Brasil. Essa poeta integra o panteão liderado por Esperança Garcia,[1] Dandara,[2] Beatriz Nascimento,[3] Luiza Bairros,[4] Antonieta de Barros[5] e Mãe

---

[1] SILVA, Carla Aparecida. Aprendizagens outras com as narrativas de Esperança Garcia: memória e luta de mulheres escravizadas no Brasil. Eventos Acadêmicos, XIII Jornadas Nacionales, VIII Congreso Iberoamericano de estudios de género. Disponível em: http://eventosacademicos.filo.uba.ar/index.php/JNHM/XIII-VIII-2017/paper/view/3584. Acesso em: 27 ago. 2021.

[2] ARRAES, Jarid. E Dandaras dos Palmares, você sabe quem foi? Portal Geledés, 8 nov. 2014. Disponível em: https://www.geledes.org.br/e-dandara-dos-palmares-voce-sabe-quem-foi. Acesso em: 27 ago. 2021.

[3] https://www.revistas.usp.br/sankofa/article. Acessado em 1º de julho de 2020.

[4] WIKIPÉDIA. Luiza Bairros. Disponível em: https://pt.wikipedia.org/wiki/Luiza_Bairros. Acesso em: 27 ago. 2021.

[5] PORTAL GELEDÉS. Tag: Antonieta de Barros. Disponível em: https://www.geledes.org.br/tag/antonieta-de-barros. Acesso em: 27 ago. 2021.

Menininha do Cantuá[6] e inúmeras outras mulheres negras brasileiras. Todas reconhecidas como construtoras de um pensamento afro-brasileiro de seu tempo e adiante dele. As mais diversas estratégias foram – e seguem sendo – O combate na guerra contra o racismo.

Local, no qual se situa e justifica-se a publicação do grupo de textos, inseridos neste livro. Lugares que há muito vem sendo referenciados na literatura acadêmica estadunidense, mas que no Brasil se adensou apenas nas últimas duas décadas. Portanto os escritos aqui apresentados dialogam diretamente com que assinala bell hooks em seu livro *Erguer a voz*, onde se expressa:

> Uma preocupação central para mim, como professora e pesquisadora é essa última questão – educação como prática de liberdade. Se pesquisadores negros estiverem ativamente comprometidos com uma pedagogia libertadora, então essa preocupação irá configurar e informar todas as percepções do nosso papel.[7]

O poema *Ponto final* de Alzira Rufino e o escrito de bell hooks nos transportam a pensamentos abertos nesta obra em que duas professoras afrodescendentes "ativamente comprometidas com uma pedagogia libertadora", como na citação supracitada, nos presenteiam com uma proposta trazida já a partir do título desta obra que combina categorias como *narrativas* e *insurgentes* numa mesma frase. Lembrando que insurgência – como dizem os dicionários – é o *ato ou efeito de insurgir (-se); insurreição, rebelião,*[8] ou diz-se que quem se insurge, se rebela contra algo. Aqui, em oposição à uma epistemologia brancocentrica.

O *Ponto final* de Alzira Rufino, por sua vez nos ajuda a perceber que cresce, cada vez mais, como voz corrente na sociedade brasileira, uma frase atribuída à ativista e *scholar* afro-estadunidense Angela Davis: "Não basta ser racista. Há que ser antirracista."[9] Aplicada ao âmbito da Educação, esta afirmação incentiva uma atenta e alentada discussão acerca do racismo institucional. Aquele que se apresenta sem autor ou ator, mas se imiscui nas ambiências educacionais a carcomer iniciativas em direção ao seu combate. O racismo institucional proporciona

---

6 FUNDAÇÃO CULTURAL PALMARES. Mãe Menininha do Gantois. Disponível em: http://www.palmares.gov.br/?page_id=8228. Acesso em: 27 ago. 2021.

7 HOOKS, bell. *Erguer a voz*. São Paulo: Elefante, 2019. p. 142.

8 DICIONÁRIO ONLINE DE PORTUGUÊS. Significado de Insurgência. Disponível em: https://www.dicio.com.br/insurgencia. Acesso em: 27 ago. 2021.

9

barreiras, as mais complexas, que propiciam a sua invisibilidade, embora siga se fazendo atuante como o ar ao nosso redor.

É ainda o racismo institucional que avaliza a presença visível de símbolos religiosos cristãos em salas de direção, entradas principais, salas de aula e portarias de instituições públicas educacionais, não admitindo outras formas de expressão de fé ou desestabilizando a laicidade do estado. Essa mesma modalidade alimenta o silêncio de educadores/as mediante situações de racismo sofridas diariamente por estudantes – em diferentes momentos de sua formação – durante o exercício cidadão de aprendizagem. É ele mesmo que dá amparo ao conceito – tão amplamente defendido por diversos setores – de meritocracia. Em detrimento das inúmeras desigualdades a serem enfrentadas por pessoas negras numa sociedade que alija ou enaltece seres humanos a partir da cor da pele ou diferentes demarcadores raciais.

O racismo institucional se instala nos programas, departamentos, secretarias de Educação – nos três âmbitos governamentais –, nas leis e projetos que governam escolas, institutos e universidades sejam públicos ou privados. É ele que interfere nas carreiras de professores/as negros/as. É o mesmo que embranquece os currículos e os referenciais bibliográficos levando a que milhares de estudantes, nas mais diversas áreas do conhecimento, terminem seus cursos, sem jamais haverem estudado autores negros, sejam estes brasileiros ou não.

Como refrigério, no entanto, toma corpo robusto no país – notadamente no âmbito da Educação – as reflexões cada vez mais complexificadas sobre o conceito de decolonidade. Ali, os saberes e conhecimentos são ampliados numa perspectiva onde vozes anteriormente emudecidas tomam assento na produção de epistemologias plurais. Assim, os povos nagôs e seus arquétipos culturais, filosóficos e suas visões de mundo dão nascimento ao texto *Metodologias descolonizadas: caminhos teóricos e práticos na perspectiva ayé-orunista*. O artigo apresenta um diálogo com autores/as que vêm discutindo uma crítica decolonial amparados em diversas metodologias de pesquisa se insurgindo contra um senso comum acadêmico. Apontam assim, uma epistemologia que problematiza uma hegemonia pautada numa *história única*, como nos diz Chimamanda.[10]

---

10 *Chimamanda Ngozi Adichie. O PERIGO DE UMA ÚNICA HISTÓRIA*. Disponível em : https://scholar.google.com.br/scholar https. Acessado em 8 de julho de 2020

A área do Direito ainda está a dever maiores contribuições teóricas ao debate do antirracismo no Brasil, em que pese novas formulações recém-elaboradas por diferentes agentes neste âmbito, se compararmos com outros campos teóricos, ficamos ainda a aguardar maiores formulações. Neste sentido, o artigo intitulado *Afroletramento jurídico: intelectualidade negra, decolonial e diaspórica* transforma-se numa importante contribuição ao propor uma aprendizagem afrocentrada como uma das estradas a permitir o alargamento das reflexões e decisões no âmbito jurídico. Desvia, portanto, uma formação eurocentrada que tanto contribui para alijar ainda mais os afro-brasileiros de uma cidadania plena. Para tal, a autora analisa a luz do Direito, categorias já consagradas em outras áreas cientificas, tais como: Epistemicídio, Pedagogia da libertação, Afroletramento, Dessubalternização e Emancipação.

Nilma Lino Gomes nos lembra do protagonismo do movimento social negro e do quanto sua atuação tem sido referente no que tange a denunciar que o racismo é presente – e por conseguinte, as epistemologias que o alimentam – no tecido social brasileiro.[11] É também, este movimento, produtor de saberes e que os transmite educacionalmente. É ainda no *Ponto final* de Rufino que podemos encontrar as trincheiras teóricas propostas por Ana Célia da Silva quando trata sobre o desmonte da ideologia do embranquecimento, presente no sistema educacional brasileiro, repousa em mãos de

> [...] organizações não educativas não oficiais, por pesquisadores e estudiosos que constroem uma nova proposta de educação que contemple e integre a diversidade étnica e cultural de nossa nação.[12]

Neste sentido, o texto *A contribuição do movimento negro para a urgência de uma pedagogia antirracista* nos instiga uma releitura de alguns textos, sobretudo na área da Educação que demonstram a importância da escola como lócus de produção de conhecimento para uma cultura antirracista. Tornado possível, então, pela longa atuação do movimento negro.

A Aprovação da lei 10639/2003, que torna obrigatória a inclusão do estudo de História e Cultura Afro-brasileira nos currículos escolares deu

---

11 GOMES, N. L. *O Movimento Negro educador: saberes construídos nas lutas por emancipação*. Rio de Janeiro: Vozes, 2017.

12 SILVA, Ana Célia da. Ideologia de embranquecimento na Educação Brasileira e proposta de reversão. *In:* Kabengele Munanga (Org.). *Estratégias combate a políticas de combate a discriminação racial*. São Paulo: Estação Ciência, 1996. p. 141.

amparo a inúmeras atividades pedagógicas em que as questões atinentes à população negra – pretos e pardos – tomassem vulto nos diferentes níveis de formação. O que antes de 2003 era fartamente realizado graças ao compromisso ideológico de professores – muitas vezes isolados em suas salas de atuação – passou a ser obrigatório, embora, ainda apresentando defasagens em sua aplicação. A literatura, afro-brasileira e junto a esta, as performances teatrais passaram a ser algumas das estratégias didático metodológicas utilizadas por educadores em atendimento ao texto legal. Alimentando desta forma, a produção de um ensino de bases decoloniais, embora nem sempre esta categoria seja nomeada.

É nesta cepa que os artigos *A leitura de livros literários afro-brasileiros na sala de aula e ensino de teatro* e *A lei 10.639/03: caminhos traçados para a pluriversalida* podem ser incluídos. Ambos, embora com abordagens independentes, veem na lei e a partir dela diferentes oportunidades pedagógicas. O primeiro, ao trazer a literatura para o centro da reflexão, compartilha uma pesquisa de campo que teve lugar numa escola da capital mineira. Ali, a Literatura Afro-Brasileira emprestou seus textos para a formação educacional dentro dos muros escolares. Já o segundo texto, discute sobre a arte da representação, aqui explicada através do Teatro Negro, como metodologia para atender ao preconizado pela lei em tela.

Os textos *Comunidade dos arturos: cultura, memória e educação* e *O processo de construção da educação escolar quilombola em uma comunidade no município do serro: diálogos com professoras e quilombolas* abordam comunidades rurais quilombolas. Ambos os artigos nos orientam no sentido de perceber as contradições dos executivos municipais – em várias localidades brasileiras – onde escolas localizadas próximo ou no interior de comunidades quilombolas não aplicam a Educação específica, preconizada pelas Diretrizes Curriculares Nacionais para a Educação Escolar Quilombola.[13] O primeiro nos traz os Arturos, uma comunidade negra tradicional rural, de Minas Gerais, o segundo faz uma etnografia em salas de aula sobre práticas e propostas pedagógicas numa escola da Comunidade de Ausente no município do Serro, no mesmo estado.

---

13 Educação Escolar Quilombola

• Parecer CNE/CEB nº 16/2012, aprovado em 5 de junho de 2012 – Diretrizes Curriculares Nacionais para a Educação Escolar Quilombola.

• Resolução CNE/CEB nº 8, de 20 de novembro de 2012 – Define Diretrizes Curriculares Nacionais para a Educação Escolar Quilombola na Educação Básica

Em *Memória e sociedade: lembranças de velhos,*[14] Ecléa Bosi, nos lembra que as memórias coletivas são compostas das individuais. São os testemunhos apoiados uns nos outros que vão tecendo a memória do grupo. Assim sendo, nestes dois artigos, aqui pulicados, as vozes de vários dos residentes e do seu entorno vão desvelando a memória historicamente construída ali. Se apoiam e se estruturam dando manutenção e vida aos grupos abordados.

Já o texto *Um olhar para além dos muros da academia: epistemologias periféricas, por uma epistemologia das margens e nas margens* utiliza a categoria periferia como metáfora para problematizar epistemologias centralizadas e centralizantes que sacralizam uma hegemonia alicerçada numa prática de branquidade. Assim, busca nomear a construção de um pensamento que perceba e fomente a pluralidade de sentidos e visões, amparando-se numa teoria decolonial. O que permite, portanto, um deslocamento do olhar para as periferias globais e suas produções de conhecimento, cada vez menos hegemonizado. .

Numa abordagem histórica, o texto *Expulsos do paraíso: políticas de refração à população mulata na origem das Minas Gerais* debruça-se sobre a então capitania de Minas Gerais, do período entre 1721- e 1732. O atento trabalho de pesquisa nos ampara para os estudos que abordam a questão do ideário do branqueamento nos pais. Vemos então, já no século XVIII – o que posteriormente vai se tornar política de estado – como a raça e a preocupação a seu respeito davam sentido às políticas, desde o governo imperial. Aponta também, a importante participação da igreja católica neste processo, atuando através do discurso moral cristão perseguindo os concubinatos, como forma de controlar a expansão da população mestiça, da época.

Tradicionalmente, no Brasil, quando falamos sobre Candombe, o localizamos como cultura afrouruguaia e afroargentina. Desde o mês de outubro já se pode assistir às famosas *comparsas* nos diversos bairros na capital e no interior do Uruguai desfilando pelas ruas com seus tambores. Cada um destes grupos trazendo as tradicionais figuras das *mama viejas*, as rainhas de comparsas e os *escoberos,* que vão orientando os desfiles, com os seus bastões. Todos em preparação para os festejos carnavalescos. Por outro lado, o texto *Epistemologias negras de mundo: crianças em performances de aprendizado na tradição*

---

14 BOSI, Ecléa. *Memória e sociedade:* lembranças de velhos. São Paulo: Companhia das Letras, 1994

do Candombe nos ensina que em Lagoa Santa/Campinho (MG), há o Candombe mineiro. Como informado pelo artigo, ali, os cantos/poesias e dança são os referenciais performáticos, apoiando-se em um catolicismo negro. Expressam seus cantos no *call and response* (pergunta e resposta) tão presente nas tradições afrodispóricas, nas Américas. Neste artigo, vê-se a proposição da continuidade do festejo tradicional, através das inúmeras fotos que apresentam a total integração das crianças em seu lúdico processo de viva aprendizagem/manutenção.

Nesta direção – quando os adentramos em seus artigos – a partir da inspiração que nos nutre o *Ponto final* de Alzira Rufino, podemos afirmar que esta obra, além de críticas e atentas análises em relação à realidade sócio-histórica da população afro-brasileira, contribui – e nisto reside seu maior legado – com proposições teórico metodológicas e construções de epistemologias novidosas. Assim, este livro intitulado *Epistemologias pretas em narrativas insurgentes* deve ser lido como mais uma ferramenta na estratégia de enfrentamento a um pensamento eurocentrado e colonializante e como instrumento na construção de um saber, um conhecimento e uma educação antirracista.

Joselina da Silva

(UFRRJ)

METODOLOGIAS DESCOLONIZADAS: CAMINHOS TEÓRICOS E PRÁTICOS NO CAMPO DA EDUCAÇÃO

Vitória Izaú[1]
Cláudio Emanuel dos Santos[2]
Rogério Cunha Campos (co-autor)[3]
Luiz Alberto Oliveira Gonçalves (co-autor)[4]

INTRODUÇÃO

Nos anos 2000, pensadores das áreas de ciências sociais e humanas, integraram um programa denominado Colonialidade/modernidade com vistas a construir novas epistemes que pudessem contribuir com

---

[1] Doutora em Educação, professora da Faculdade de Educação da Universidade Estadual de Minas Gerais (UEMG), Coordenadora do Núcleo de Estudos e Pesquisas em Educação e Relações Étnico-Raciais (NEPER/UEMG/CNPQ), pesquisadora integrante da Associação Brasileira de Pesquisadores Negros(ABPN).

[2] Doutor em Educação, professor do Centro Pedagógico da Universidade Federal de Minas Gerais (UFMG), Pós-doutor em Educação pela UFC. O texto foi apresentado, inicialmente, como pré-requisito à disciplina Metodologia ministrada pelo Prof. Dr. Luiz Alberto Gonçalves em 2014, durante o processo de doutoramento dos autores, apresentado também no IV Colóquio Áfricas, Literaturas e Contemporaneidades no Centro de Estudos das Literaturas e Culturas de Língua Portuguesa (USP/2016).

[3] Professor Doutor e Professor Titular da Universidade Federal de Minas Gerais.

[4] Pós-Doutor pela Universidade de São Paulo e professor titular da Universidade Federal de Minas Gerais.

a desconstrução de que o conhecimento e o saber só existem através de uma matriz eurocêntrica que dite o que a América Latina deve produzir. Para além de uma crítica à colonização, a decolonialidade ou descolonialidade é um movimento teórico e político que reivindica novo posicionamento quanto à conceituação da ciência em termos das concepções e práticas que lhes dão substância. Este artigo tem como objetivo desenvolver algumas considerações acerca do pensamento decolonial em sua aplicabilidade nas pesquisas em educação.

Estamos em um momento de transição, processos contundentes e radicais da globalização vêm "[...] ativamente desenredando e subvertendo cada vez mais seus próprios modelos culturais herdados essencializantes e homogeneizantes [...]" e colocando em evidência as "[...] trevas do próprio iluminismo ocidental."[5] Nesse quadro, Homi Bhabha também faz uma análise instigante e sincera desse momento de trânsito que estamos vivendo, dizendo que há uma "[...] sensação de desorientação, um distúrbio de direção, um movimento exploratório incessante..."[6]

Nesse sentido, os impactos também são percebidos no campo da ciência, principalmente, no campo das ciências sociais, pelo fato de abrir um leque de esforços intelectuais em colocar em questão o eurocentrismo, sobretudo, na forma hegemônica de sua episteme e lógica que se pautam em separações sucessivas e reducionismos vários.[7]

Apesar desse legado epistemológico ter impedido uma compreensão de outras epistemes dos diferentes povos com os quais teve contato, um conjunto de conhecimento denominado decolonial, vem criticando os alcances únicos dessa perspectiva eurocêntrica. Numa via lateral, como diz Stuart Hall, a esse poder cultural e econômico, constrói visões subversivas que vão mostrar que o mundo é estruturado por muitas diferenças locais, ou seja, existem formas próprias, resistentemente, de compreensão do mundo e a partir de epistemes que lhes são próprias.[8] Assim, como diz Porto-Gonçalves na sua apresentação da versão em português do livro *Colonialidade do saber*,

---

5 (HALL, 2003, p. 44)

6 BHABHA, 2005, p.19)

7 (PIRES, 2008)

8 HALL, (2013)

> O pensamento está em todos os lugares onde os diferentes povos e suas culturas se desenvolveram e, assim, são múltiplas as epistemes com seus muitos mundos de vida. Há, assim, uma diversidade epistêmica que comporta todo o patrimônio da humanidade acerca da vida, das águas, da terra, do fogo, do ar, dos homens.[9]

Nesse ponto, empreendemos um exercício reflexivo, mesmo sabendo da magnitude dessas discussões, sobre a metodologia, na tentativa de tornar mais palpáveis as implicações do pensamento decolonial.

Nesse momento de transição, como foi delineado brevemente acima, estamos repensando nossas posições e nossa linguagem conceitual, pelo fato de buscarmos romper com um modo tradicional do processo de pesquisa, a saber, numa forma bem geral esquemática: *conhecimento teórico hipóteses testadas empiricamente.*

Esse modelo, além de ser linear, não dimensiona o lugar central do pesquisador e do objeto-sujeito na construção e consolidação do conhecimento, tendo em vista uma preocupação com a "objetividade" e uma suposta neutralidade do fazer ciência. Que implicações advêm dessa concepção sobre o plano metodológico? De forma geral, há aqui dois extremos, diante da discussão sobre a natureza dos dados: há uma preocupação somente nas questões quantitativas, e ocorre uma ênfase nos números que dizem por si mesmos e a implementação de formas únicas de tratamentos dos dados. Num outro extremo, uma perspectiva que atribui maior importância aos dados qualitativos, mas mantendo uma crença de buscar dados menos contaminados possíveis, pelo contato e análise do pesquisador. Conforme Pires em sua análise sobre a construção do conhecimento, critica ideia dicotômica entre pesquisa qualitativa que chama de letras e a pesquisa quantitativa que chama de números, tecendo considerações sobre esta imbricada questão.[10] Santos também chama atenção sobre efemeridade da ciência, trazendo à tona diversos questionamentos quanto aos critérios de cientificidade proposto pelo pensamento ocidental que exatamente devido a centralidade do pensamento eurocêntrico destituiu a própria ciência daquilo que lhe é substância, ou seja, a própria função social que deveria ser o amálgama de toda construção do conhecimento.[11] Para Santos, o paradigma dominante, deve ser superado pelo paradigma emergente que

---

9 (PORTO-GONÇALVES, 2005, p. 3)

10 (PIRES, 2008)

11 (SANTOS, 2008)

não desconsidera outras esferas e dimensões do saber, colocando em cheque as concepções ainda vigentes sobre a centralidade do poder e da função social dos que constroem o conhecimento. Para o autor, ao tecer críticas sobre o *"paradigma dominante"* que consiste na lógica da ciência moderna, afirma que esta concepção de ciência, defende que

> [...] o que não é quantificável, é cientificamente irrelevante. O mundo é complicado e a mente humana não o pode compreender completamente. Conhecer significa dividir e classificar para depois poder determinar as relações sistemáticas entre o que se separou"[12].

Nesta direção, criam-se mitos que por séculos balizaram a crença na verdade científica pautada na verificação e medição (tendo como cerne os estudos de Einstein e Newton). A ideia de que o conhecimento é produzido somente através da divisão e classificação dos fenômenos naturais pelo pesquisador, fora extremante danosa ao pleno desenvolvimento de outras possibilidades metodológicas. Se ao ver positivista conhecer significa separar e classificar, a centralidade da verdade científica solapa a própria natureza das ciências, uma vez que a contextualização teórica e social apresentada pelo autor, demonstra a necessidade de repensar a inutilidade em dicotomizar ciências naturais e sociais. Na discussão apresentada pelo autor, as ciências sociais foram relegadas ao segundo plano, acarretando, dentre outras consequências, o atraso em relação às ciências naturais. Esse fato tem sérios rebatimentos quando, por exemplo, se observam os recursos e investimentos em pesquisa por parte das agências internacionais. A lógica que perpassa a "guerra entre as ciências" extrapola o eixo metodológico e repercute diretamente na vida em sociedade e em decisões até mesmo governamentais. Os fundamentos de que se valem os argumentos contrários a importância das relações sociais e interpretação do mundo inteligível, fora contextualizado por Santos que propõe outra possibilidade, através da proposta de um novo paradigma epistemológico – o *"paradigma emergente"* – que iria transcender a lógica mecanicista e redutivista do caráter dicotômico entre as ciências para um conhecimento científico prudente para uma vida decente que tornaria indissociável homem e natureza/sujeito e objeto, e ao fazer este movimento teórico, Santos propõe que:

1. todo conhecimento científico-natural é científico-social ;
2. todo conhecimento é local e total ;

---

12 (Santos, p.28)

3. todo conhecimento científico visa constituir-se em senso comum.[13]

Para chegar a proposta do *paradigma emergente*, Santos; afirma que desde o século XVI, e de forma mais proeminente no século XIX, a produção do conhecimento científico passa a basear-se na razão lógica, culminando no século XX com a apropriação e construção do conhecimento baseado na formulação de leis que pretendiam tornar invariáveis os objetos do mundo real, construindo as bases para a lógica do determinismo mecanicista, definido pelo autor como "[...] uma forma de conhecimento que se pretende utilitário e funcional, reconhecido menos pela capacidade de compreender profundamente o real do que pela capacidade de o dominar e o transformar."[14] Esta lógica foi extremamente interessante do ponto de vista da burguesia emergente e da divisão sócio-técnica do trabalho ainda no século XIX. A construção desta lógica, segundo Santos, assenta-se na polaridade das ciências sociais com as ciências naturais. Na contextualização feita por ele, aparecem duas vertentes que concretizam a influência dos rebatimentos dessa lógica na interpretação da realidade por parte das ciências sociais, derivando em duas vertentes principais:

1. hegemônica que consistiu na aplicabilidade dos princípios epistemológicos e metodológicos das ciências naturais aos estudos das ciências sociais ;

2. que advoga para as ciências sociais um estatuto científico próprio. Contrapondo-se a esta polarização, apresentando as condicionalidades da dicotomia entre estas ciências, o autor propõe paradigma emergente.

Ao analisar os diversos autores e concepções científicas do *paradigma dominante*, o autor constrói uma concepção de construção de conhecimento sem a polarização clássica entre ciências sociais e naturais, afirmando que em ambos os casos, o conhecimento produzido deve ter relação direta com o mundo real e com a melhoria de vida em sociedade. Por esta razão, não haveria mais nexo para contrapor ciência da natureza e ciência social, visto que ambas tem importância e constrói bases metodológicas sem que a precisão matemática seja de todo descartada. Para o autor, ambas as ciências devem voltar a produção epistêmica para o conhecimento generalizável, chamado de senso comum. Na perspec-

---

13 SANTOS, 2008.

14 SANTOS, 2008, p. 31.

tiva do *paradigma emergente*, a ciência precisa estar comprometida com a sociedade e com as relações humanas, ainda que não esteja isenta da lógica da industrialização do conhecimento e da especialização do saber pautado, por exemplo, pelos critérios das agências de fomento.

Em contraposição ao modo tradicional de fazer ciência, o pensamento decolonial pode nos ajudar a buscar outras abordagens para estudo da realidade social, principalmente, no tocante à metodologia, a questão dos dados, do campo a ser investigado. Esses estudos mudam a perspectiva quando fazem suas proposições, em linhas gerais, destacando os seguintes aspectos:

- a existência de diferentes povos e culturas, são múltiplas as epistemes com seus muitos mundos de vida;
- o reconhecimento de que todos os saberes são legítimos e a percepção dos saberes locais ou regionais num diálogo constante com os processos do mundo global.

Para tanto, faz-se necessário, apresentar algumas indicações sobre o legado do pensamento decolonial na construção da pesquisa em educação. Devido aos limites do presente trabalho, não se pretende esgotar o tema, mas contribuir para a contínua reflexão acadêmica sobre a aplicação do pensamento decolonial.

Nesta segunda sessão do texto, tentaremos trazer à luz algumas reflexões acadêmicas acerca desta relação.

APLICAÇÕES DO PENSAMENTO "DECOLONIAL" NA PESQUISA EM EDUCAÇÃO

Em primeiro lugar, faz-se necessário explicitar os conceitos de descolonização e pensamento decolonial. Para fins intrínsecos deste texto, entende-se o conceito de descolonização como um processo político e ideológico que visa negar a colonialidade, ao passo que o pensamento decolonial, ao contrário, não só a admite como quer superá-la a partir da construção de um novo paradigma, que vise a desconstrução do mito de verdade científica, que estratifica, racializa e subalterniza os saberes e conhecimentos dos povos que estão alijados do poder de pertencer à academia. Autores como Wash,[15] Quijano,[16] Mignolo[17] e outros, trazem considerações extremamente importantes para o fortalecimento de que o pensamento decolonial não está restrito a ambiência acadêmica, por ser ao mesmo tempo um processo político e até mesmo ideológico.

Neste sentido, o pensamento decolonial traz em seu cerne a perspectiva dialógica entre os diversos saberes, desfazendo os nós históricos que durante muitos anos desconsideraram oficialmente os saberes das comunidades e do teor político de quem detém as regras de legitimidade do que é a ciência. Quando se aborda a aplicabilidade do pensamento decolonial para a pesquisa em educação, observa-se a associação deste novo paradigma com a forma de ver e ser pesquisador. Torna-se ainda mais evidente o caráter ainda arraigado de uma estrutura vertical do conhecimento, principalmente em pesquisas descompromissadas em entender e registrar os saberes do ponto de vista dos sujeitos. Entende-se que esta inversão histórica e excludentemente construída pode e deve ser questionada. Na perspectiva das pesquisas em educação, deve-se primar pela defesa de que o pesquisador é também um sujeito inserido na dinâmica social do sujeito que por sua vez é agente no sentido weberiano, ou seja, o sujeito é um ser que age, que tem capacidade de agência, de ação e não um ente subalternizado e descontextualizado.

CONSTRUINDO METODOLOGIAS DE AÇÃO PARA ESTUDO DA REALIDADE SOCIAL

No presente momento e diante das implicações postas pelas discussões supracitada há todo um esforço e desafios de construir metodologias que aponte novos ou renovados rumos. Dimensões da pesquisa que ficavam esquecidas e completamente negadas começam a ganhar

---

15 Wash, Catherine. Pedagogías decoloniales: Prácticas insurgentes de resistir, (re) existir y (re) vivir. Espanha, Editora Abya Yala, 2018.

16 Quijano, Aníbal. Colonialidade do Poder, Eurocentrismo e América Latina in: A colonialidade do Saber: eurocentrismo e ciências sociais. Perspectivas latino-americanas (Edgar Lander – org). Unesco, Colecion Sur-Sur CLACSO, Buenos Aires, 2005.

17 Mignolo, Walter D. A colonialidade de cabo a rabo: o hemisfério ocidental no horizonte conceitual da modernidade. Colonialidade do Poder, Eurocentrismo e América Latina in: A colonialidade do Saber: eurocentrismo e ciências sociais. Perspectivas latino-americanas (Edgar Lander – org). Unesco, Colecion Sur-Sur CLACSO, Buenos Aires, 2005.

visibilidade e legitimidade. Dentre as possibilidades apresentadas pelo pensamento decolonial registramos:

a. a capacidade reflexiva e criativa do pesquisador na relação com o mundo social. Quais seriam os impactos significativos dessa perspectiva? Ocorre à vinculação do sujeito ao conhecimento que constrói, os ganhos em "intersubjetividades",[18] em criatividade, solidariedade e capacidade de escuta em relação a todos aqueles e todas aquelas que sofrem, ou a construção de uma "nova sensibilidade para o trato das relações sociais devido a pluralização das esferas da vida";[19]

b. Uwe Flick continua e aponta outros ganhos como: a exigência da "[...] familiaridade do pesquisador com aquilo que acontece de fato na vida social [...]"[20] que ele pretende estudar, pois, não podendo contar com as grandes narrativas e teorias devido aos seus limites de análise na atualidade, entra em foco "[...] as narrativas em termos locais, temporais e situacionais."[21] Vale então estabelecer uma comunicação efetiva entre a refletividade do pesquisador e dos sujeitos da pesquisa, tornando a narrativa um caminho fecundo em que a "[...] imaginação e o fazer humano percorrem para nos ensinar quem somos, como somos e porque somos."[22]

c. Nesse movimento, as pesquisas estão sendo forçadas cada vez mais a usarem "estratégias indutivas", isto é, em vez de partir de teorias e testá-las, são necessários "conceitos sensibilizantes" para um estudo das esferas da vida a serem investigadas.[23]

---

18 ZILMELMAN *apud*: SANTOS, 2001.

19 FLICK, Uwe. Introdução à Pesquisa Qualitativa, Porto Alegre, Arte Med, 2009, p. 21-22

20 FLICK, 2009. FLICK, Uwe. Introdução à Pesquisa Qualitativa, Porto Alegre, Arte Med, 2009, p. 21-22

21 FLICK, 2009. FLICK, Uwe. Introdução à Pesquisa Qualitativa, Porto Alegre, Arte Med, 2009, p. 21-22

22 VIDEIRA, 2010, p. 52. Batuques, folias e ladainhas: A cultura do **Quilombo do Cria-ú em Macapá e sua educação. Tese de Doutorado-Universidade Federal do Ceará, Programa de Pós-graduação em Educação, Fortaleza, CE, 2010.**

23 FLICK, 2009, p. 21. FLICK, Uwe. Introdução à Pesquisa Qualitativa, Porto Alegre, Arte Med, 2009, p. 21-22

REFLEXÕES PRÁTICAS SOBRE A APLICAÇÃO DO PENSAMENTO DECOLONIAL

Numa tentativa de buscar aplicabilidade do pensamento decolonial, visamos enunciar aqui algumas possibilidades de aplicação do pensamento decolonial nas pesquisas em educação. Para tanto, indicaremos algumas experiências de pesquisas e suas metodologias em ação, não para esgotar o tema, mas para contribuir para desenvolvimento destas.

PESQUISA 1: POR UMA CONCEPÇÃO METODOLÓGICA DA "AFRODESCENDÊNCIA": AS DANÇAS DO BATUQUE E MARABAIXO NO QUILOMBO DO CRIA-Ú

Através desta pesquisa é possível reconhecer a dimensão ancestral do conhecimento como questão humana, que tem como princípio fundamental a concepção do povo bantu de que "[…] todas as coisas, todos os lugares possuem uma parcela de conhecimento".[24] Este princípio, se aliado a concepção libertária da educação, pode ser de grande valia para a ampliação do conhecimento sobre os sujeitos a serem pesquisados, principalmente no campo da educação quando as temáticas tiverem direta relação com as questões de diferença cultural e/ou classe social.

Ao buscar compreender os significados dos fenômenos sociais no olhar de jovens trabalhadores, mulheres de baixa renda, povos negros e/ou indígenas, o pesquisador que visa a aplicabilidade do pensamento decolonial, deve compreender que não existe prática investigativa neutra. Autores como Santos[25] ao criticar o estatuto científico do conhecimento e contrapor o *paradigma dominante* ao *paradigma emergente*, já enunciam a necessidade de se pensar a ciência como uma aproximação do real e não uma totalidade monolítica do real. Neste sentido, a conexão entre pensamento decolonial e o paradigma emergente proposto por Santos, provoca uma nova forma de se perceber e se construir um pesquisador do campo social e educativo no que tange aos problemas das relações étnicas brasileira.

Para tanto, a apreensão do pensamento decolonial ao campo da educação, deve procurar consolidar um conhecimento aprofundado sobre realidades vividas por estas comunidades, através de metodologia qualitativa que busque, por exemplo, em uma comunidade quilombola,

---

24 CUNHA JR. *apud* VIDEIRA, 2010, p. 52.

25 SANTOS, 2008.

compreender o microcosmo social, histórico e político da realidade social, sem, contudo, perder de vista a compreensão dos valores sociais e formas culturais produzidas.

Partindo-se de um exemplo concreto de aplicabilidade do pensamento decolonial para análise de uma comunidade quilombola, observa-se no trabalho de Videira,[26] cuja a pesquisa fora orientada por conceitos que surgem do conhecimento da cultura de base africana, o ponto de partida da perspectiva metodológica são pautados nos modos de socialização das culturas africanas, na ancestralidade, na oralidade, na idéia de comunidade e na noção do tempo-espaço dessas culturas.

PESQUISA 2: QUILOMBOLAS DE MINAS GERAIS: UMA METODOLOGIA DE RESGATE DE IDENTIDADES

A experiência de pesquisa dos autores teve como objetivo central o desenvolvimento de uma metodologia de pesquisa-ação comprometida com o estímulo e o fortalecimento da cidadania em comunidades quilombolas de Minas Gerais. Riccio e Miranda, 2012 tinham como pressuposto básico e em primeiro plano a questão da interatividade, subjetividade e a perspectiva emancipatória que balizariam a produção de instrumentos de pesquisa e da produção de conhecimento.

Alguns aspectos ficam em evidência na proposta, como o caráter transdisciplinar na produção da metodologia, pois na necessidade de conhecer a identidade das comunidades envolvidas, suas histórias, expectativas, desejos e as condições contextuais em que vivem, pois foi preciso o aporte de diferentes áreas do conhecimento. O campo visto dessa maneira, também exigiu dos pesquisadores a necessidade de aplicação de instrumentos correspondentes a abordagens diversas, no sentido de garantir uma participação ativa dos moradores, bem como promover a restituição sistemática do conhecimento à comunidade.

Também fica evidente a necessidade de um conhecimento mais completo e o que é mais pertinente as comunidades em relação às suas dificuldades: a relação com a terra, os processos de perda da mesma e convivência com os poderes locais. Outro âmbito de conhecimento passa também pela importância dada pelas comunidades a sua história, suas raízes e suas tradições.

---

26 VIDEIRA, 2010.

Para tanto, foram utilizados diferentes instrumentos metodológicos, a saber: observação de campo, entrevista qualitativa embasada na tradição oral (com imersão e aproximação com a comunidade); questionário com membros representativos dos quilombos (a busca de documentação, porta vozes, lideranças etc.); questionário dirigido ao núcleo familiar, encontro local, ou seja, reuniões comunitárias envolvendo os diferentes atores locais (comunidades, prefeitos etc.) em *Micro-arenas-participativas*, no sentido de validar as informações colhidas anteriormente pelos diferentes instrumentos e a produção de enunciados coletivos que expressem as demandas das comunidades envolvidas.

Outros trabalhos realizados ainda anteriormente à introdução do pensamento decolonial como os de Izaú[27] e Santos,[28] cujos objetos de pesquisa tiveram como temas a questão da população residente nas ditas periferias urbanas e a discussão da cultura negra percussiva, indicam que os conceitos à luz do pensamento decolonial carecem de maior amplitude dado o contexto de formulações que as pesquisas de mestrado suscitaram à época. Ao realizar o presente artigo acadêmico, os autores indagaram a si mesmos e à lógica inerente ao processo de doutoramento no campo da educação. Neste sentido, mais que registrar ainda que brevemente as reflexões inspiradoras na disciplina, os autores pretendem seguir o caminho de rever passos, nuances, ideias, conceitos, conjecturas a fim de transcender em suas pesquisas atuais a reprodução da lógica eurocêntrica que ainda perdura no imaginário brasileiro. Registra-se a compreensão de que ser pesquisador tendo como norte a decolonialidade pode contribuir para um país mais justo, humano e democrático.

As vivências dos autores quanto a aplicabilidade da decolonialidade em suas pesquisas, resultou em duas teses que abordaram respectivamente "Insurgências Urbanas e Direito à cidade na perspectiva de ativistas em Belo Horizonte" sob orientação do Prof. Dr. Rogério Cunha Campos e "Conhecimento e formas de aprendizado de artistas negros e negras no universo musical de Belo Horizonte" sob orientação do Prof. Dr. Luiz Alberto Oliveira Gonçalves. Nestes processos de articular os conhecimentos na abordagem decolonial, observou-se que ao nos tornarmos pesquisadores negros, a luta por não considerar os sujeitos entrevistados em objetos, e ao contrário, visibilizar suas vozes na escrita acadêmica, refletiu não só o caminho epistemológico, mas

---

27 IZAÚ, 2004.

28 SANTOS, 2003.

também o horizonte político de ocupação dos espaços dentro e fora do mundo acadêmico. Encarnando a filosofia ancestral e africana, refletiu-se que são os corpos negros, corpos políticos, que enfrentando o racismo institucional e condições adversas de vida, formulam epistemes para confrontar o eurocentrismo que castra as oportunidades de desenvolvimento e de reconhecimento social.

Os pesquisadores inspirados em Gomes, afirma que

> A inserção de negros e negras no campo da pesquisa científica e daprodução do conhecimento não mais como objetos de estudo, mas como sujeitos que possuem e produzem conhecimento faz parte da história das lutas sociais em prol do direito à educação e ao conhecimento, assim como a luta de superação do racismo.[29]

Esta foi uma empreitada bem modesta tendo em vista complexidade do tema e o fato de estarmos concomitantemente vivendo e experimentando o modelo *"dominante"* e também já vislumbrando modelo *"emergente"*, no dizer Boa Ventura Souza Santos. Apontamos alguns elementos do debate na atualidade, como a consolidação de um movimento teórico e político – denominado decolonial – com outro olhar sobre o fazer ciência, seu compromisso com as questões prementes das sociedades e a construção de novos paradigmas para além do eurocentrismo. Nesse processo, ou melhor, neste debate, o que fica seria a perspectiva de outro lugar do pesquisador e dos sujeitos da pesquisa, pois postulamos que não existe conhecimento sem interação e sem constante construção. A emergência de metodologias decolonizadas busca contribuir para consolidar epistemologias mais fiéis às vozes que foram e ainda são silenciadas historicamente, no sentido de tornar tangíveis as miríades de saberes, sentidos, poéticas, narrativas, musicalidades, expressividades que não foram registradas pela lógica colonialista que impediu durante séculos a emergência dos saberes ancestrais.

---

29 GOMES, (2014, p. 492)

REFERÊNCIAS

DUSSEL, H. Europa, modernidade e etnocentrismo. *In:* LANDER, Edgard (Org.) A colonialidade do saber: eurocentrismo e ciências sociais : Pespectivas latino americanas. Coleccion Sur-Sur,CLACSO, Ciudad autônoma de Argentina, Buenos Aires, 2005.

FLICK, Uwe. *Introdução à pesquisa qualitativa.* 3.ed. Porto Alegre: Artmed, 2009.

GONÇALVES-PORTO, Carlos Walter *In:*LANDER, Edgardo (Org.). A colonialidade do saber: eurocentrismo e ciências sociais. Perspectivas latinoamericanas. Colección Sur Sur, CLACSO, Ciudad Autónoma deBuenos Aires, Argentina. setembro 2005.

HORTA, Carlos Roberto e MIRANDA, Geralda Luiza de (Orgs.). *Quilombos de Minas Geriais:* uma metodologia de resgate de identidades. Belo Horizonte: NESTH, 2012.

IZAÚ, Vitória Régia. *O olhar de jovem de periferia sobre qualidade de vida e meio ambiente.* Dissertação (Mestradoem Conhecimento e Inclusão Social) –Programa de Pós-graduação Faculdade de Educação da Universidade Federal de Minas Gerais, Belo Horizonte, 2004.

MARIN, José. Interculturalidade e descolonização do saber: relações entre saber local e saber universal no contexto da globalização. *Visão Global*, Joaçaba, v.12, n.2, p. 124-157, jul./dez. 2009.

MIGNOLO, Walter. A colonialidade de cabo a rabo. *In*: LANDER, Edgard (Org.). A colonialidade do saber: eurocentrismo e ciências sociais. Pespectivas latino americanas. Coleccion Sur-Sur, CLACSO, Ciudad autônoma de Argentina, Buenos Aires, 2005.

PIRES, Álvaro. Sobre algumas questões epistemológicas de uma metodologia geral para as ciências sociais. *In*: POUPART, Jean *et al.A pesquisa qualitativa:* enfoques epistemológicos e metodológicos. Petrópolis: Vozes, 2008.

SANTOS, Boaventura Souza. *Conhecimento por uma vida decente:* "um discurso sobre as ciências". São Paulo: Cortez, 2006.

SANTOS, Boaventura Souza. *Um discurso sobre as ciências.* São Paulo: Cortez,2008.

SANTOS, Cláudio Emanuel dos. *A música percussiva:* uma experiência sociocultural dos jovens do Bloco Oficina Tambolelê. Dissertação Mestrado Programa de Pó-Graduaçã da Faculdade de Educação, Universidade federal de Minas Gerais, Belo Horizonte, 2003.

VIDEIRA, Piedade Lino. *Batuques, folias e ladainhas:* a cultura do quilombo do Cria-ú em Macapá e sua educação. Tese (Doutorado) – Programa de Pós-Graduação em Educação, Universidade Federal do Ceará, Fortaleza, 2010.

ZELMELMAN, Hugo. Sujeito e Sentido: considerações sobre a vinculação do sujeito ao conhecimento que produz. *In*: SANTOS, B. S. *Um discurso sobre as ciências.* 12. ed. Porto: Edições Afrontamento, 2001.

AFROLETRAMENTO JURÍDICO: INTELECTUALIDADE NEGRA, DECOLONIAL E DIASPÓRICA

Maria Angélica dos Santos[1]

INTRODUÇÃO

"Maldição de um capital simbólico negativo" é como Pierre Bourdieu (2007) classifica o dilema da má-distribuição de um conjunto de propriedades distintivas que, sob meu ponto de vista, são perceptíveis no espaço social de trânsito da intelectualidade negra.

Essa maldição se evidencia no microcosmo social que conforma o campo científico. Os amaldiçoados são aqueles que não conseguem dar sentido e tirar proveito político ou econômico do conhecimento que possuem porque este é lábil e frequentemente deslegitimado. Os amaldiçoados, portanto, somos nós: a intelectualidade negra.

E partindo deste ponto, do acúmulo primitivo de capital simbólico, que observo o tema escolhido para este ensaio.

O letramento visto aqui como acúmulo de estratégias de emancipação e construção de discursos disruptivos, se apresenta envolto por uma tal atmosfera bourdieusiana que é dimensionada pelo espaço de trânsito do camponês insubmisso, ou seja, daquele que rompeu com a previsibilidade do destino subalternizado e ousou acessar espaços em que suas potencialidades primitivas eram postas em xeque e deslegitimadas constantemente.

O acúmulo deste capital simbólico que é o letramento em suas mais plúrimas dimensões (que também implica em formação de capital cul-

---

1 Doutora em Direito pela UFMG. Mestre em Direito pela PUCMinas. Graduada em Direito pela UFMG. Professora Universitária. Autora do livro O lado negro do empreendedorismo: Afroempreendedorismo e Black Money.

tural e também econômico), evidencia um dilema negro, aos meus olhos. O dilema de ser negro na academia, nos espaços legitimados cientificamente como sendo de produção e reprodução de saber.

O ato de letrar alguém, ou seja, de muni-lo pedagogicamente de ferramentas de emancipação de seu próprio ser por si mesmo, para si e para que interfira no mundo, através da escrita e outras construções linguísticas, é estudado há muito. Ultrapassa limites unidimensionais, já percebendo-se que há diversos letramentos se fazendo consecutivamente. Roxane Rojo (2009) explica que, nesta multiplicidade cultural que o mundo atual nos impõe, um letramento integral envolve três dimensões:

1. os multiletramentos ou letramentos múltiplos;
2. os letramentos multissemióticos e
3. os letramentos críticos e protagonistas.

Nesta toada, Rojo (2009) esclarece que uma pedagogia disruptiva deve se estruturar através da formação de um usuário funcional (que tenha "competência técnica e conhecimento prático"), criador de sentidos ("entenda como diferentes tipos de texto e de tecnologias operam"), analista e crítico ("entenda que tudo o que é dito e estudado é fruto de seleção prévia") e transformador ("usa o que foi aprendido de novos modos").

Para que esta pedagogia funcione, é necessário que envolva uma "prática situada", ou seja, que se baseie em práticas que fazem parte das culturas dos alunos, em gêneros, mídias e linguagens por eles conhecidos. Envolva também uma "instrução aberta", ou seja, uma análise dessas práticas, gêneros, mídias e linguagens e de seus processos de produção e de recepção.

Promovendo o entrelaçamento triplo, da importância do capital simbólico para a intelectualidade negra, da maldição que sua menos-valia carrega, e o da necessidade de promoção do chamado giro decolonial que realoca o poder afrodiaspórico, colocando as chamadas epistemes periféricas como centrais, me assento para analisar o pensamento de Walter Mignolo. Em seu estudo sobre a Colonialidade do Poder, Mignolo evidencia a existência de um monstro de quatro cabeças (controle da economia, da autoridade, do gênero e da sexualidade) e duas pernas (controle do conhecimento e da subjetividade).

Nestes moldes, volto meu olhar para a formação jurídica do alunado brasileiro que acessa os programas de graduação em todo o Brasil a fim de se formarem juristas. Esta formação jurídica implica um letramento pelo qual eu passei e sobre o qual volto, constantemente, meu olhar com receio e preocupação. Na minha época formadora, havia poucos corpos negros passando pelo processo de letramento jurídico que me era ofertado. Entretanto, a presença negra nas universidades tem se tornado cada vez maior, mais incisiva e persistente. Mas não basta que haja somente presença física de corpos negros. É também necessário que sejam repensadas epistemologias e metodologias que permitam um letramento multidimensional e integral.

Construir estratégias de letramentos jurídicos que descolonizem os espaços acadêmicos antecipa um propósito de ruptura com o modelo hegemônico impositivo colonial. Apresenta-se como uma estratégia decolonial disruptiva à medida em que põe em xeque a questão intelectual, trazendo para um espaço discursivo reservado a uma determinada elite econômica um grupo de pessoas até então excluídas, postas à margem em várias dimensões, inclusive na acadêmica.

É neste sentido que um estudo sobre Afroletramento Jurídico se mostra necessário. Assaz importante um estudo sobre o tema, pois permite o surgimento de um espaço de diálogo e tensionamento de relações, fazendo emergir dilemas que escancaram disparidades socio-econômicas e políticas, bem no centro de um campo criado intencionalmente para não ter que lidar com estas questões; um terreno hegemônico, agora irreversivelmente maculado pela presença crescente da negritude intelectualizada e que não se contenta com o letramento jurídico oferecido nos moldes coloniais. Juristas negres não se submeterão mais à maldição do capital simbólico negativo, que impinge sobre nós o dilema de carregarmos saberes que não são reconhecidos nem legitimados pela colonialidade do poder que insiste em nos manter periféricos mesmo quando ocupamos lugares sociais centrais.

EPISTEMICÍDIO E A PEDAGOGIA DA LIBERTAÇÃO

Por epistemologia se compreende a teoria do conhecimento. A ciência da ciência, que se ocupa da digressão crítica e reflexiva sobre a construção do saber. Neste contexto, se preocupa em analisar problemas metodológicos, éticos, pedagógicos, semânticos, dentre tantos outros.

Quando Sueli Carneiro perpassa o conceito de epistemicídio, já bastante trabalhado por Boaventura de Souza Santos (2018), e o apresenta sob a ótica do colonizado, destacando-o como uma tecnologia da colonização, faz com que se torne imprescindível sua observância para se entender a relevância do afroletramento.

O epistemicídio produz e reproduz o discurso da inferioridade, da incapacidade e da impotência intelectual do corpo subalternizado. Promove uma desqualificação de saberes localizados no campo cultural do outro, que não é o padrão eurocentrado. Empreende uma deslegitimação de estratégias de emancipação através do conhecimento e do uso da intelectualidade, que passam a ser controlados, etiquetados e hierarquizados.

O epistemicídio promove uma espécie de necropolítica acadêmica. Decidindo quem o letramento "faz viver" e quem "deixa morrer", quem liberta e quem aprisiona, quem pertence e quem só passa pela escola.

Quando Achille Mbembe (2019) dialoga com Foucault e sua biopolítica e trata da necropolítica, a evidencia como um fenômeno de controle social, que organiza estratégias e relações de poder que determinam quem pode viver e quem deve morrer.

Um letramento jurídico eurocentrado, que legitima e universaliza o discurso de dominação do opressor e reenvidencia subalternidades a serem perpetradas é um letramento que ensina e prepara o alunado para ser produtor e reprodutor da necropolítica.

O próprio letramento jurídico, controlado pela ideologia de dominação que a supremacia branca utiliza, já antecipa a morte epistêmica do discente, que já nasce um jurista morto para uma atuação jurídica afrocentrada e que se forma alienado para servir de ferramenta e tecnologia reprodutora do encarceramento, do extermínio e da manutenção do racismo estrutural.

Uma educação que promove um letramento crítico, que estabelece bolsões de criticidade no ser que aprende é cada vez mais necessária para a formação do afrofuturo acadêmico. Ainda ancorada no pensamento do referido intelectual, estabelecer uma transitividade crítica através de uma educação dialogal, ativa, voltada para a responsabilidade social e política, inundada pela capacidade de interpretação e solução de problemas aos quais se conecta por empatia ou cidadania, deve ser o desafio a ser enfrentado com coragem pela academia que se quer transformadora e respeitada, capaz de libertar e emancipar.

AFROLETRAMENTO E DESSUBALTERNIZAÇÃO

Ao trazer um recorte pedagógico para a análise do dilema da intelectualidade negra, dessa maldição, nos dizeres bourdieusianos, que banaliza saberes e obriga a tragar um conhecimento filtrado pela supremacia branca que se faz senhora de todas as potencialidades de poder, pretendo aguçar os instintos para que todos percebam o quanto é importante que haja um redimensionamento do currículo acadêmico, dilatando-se para conter outros letramentos que comportem as múltiplas dimensões e dinâmicas dos corpos que acessam as universidades. É neste ponto que o Afroletramento se apresenta.

Afroletrar é construir estratégias pedagógicas de formação acadêmica que considerem como eixo central a afroncentricidade, conceito cunhado e difundido por Molefi Kete Asante (2016) e que implica em um redimensionamento das relações travadas no sul global, deslocando-se o olhar das epistemes do norte para as deste outro lugar, que não é europeu, que não é branco e que não é mais colonial, e portanto, não deve mais ser lido como subalterno.

Do mesmo modo como o letramento possui multidimensões, podendo ser processado em diversos espaços de materialização de poder; o Afroletramento também se desenvolve em múltiplas dimensões, perpassando os mais diversos espaços e articulando-se por instituições como escola, família, terreiros, ruas, dentre outros. Entretanto, o papel da escola neste letramento afrocentrado se destaca sobremodo pois robustece, dentre outros, o chamado capital simbólico apresentado por Pierre Bourdieu.

O Nó Górdio da questão, porém, se apresenta na constatação de que o saber afrocentrado, aquele saber localizado em outros lugares como explica Donna Haraway (1995), para além daqueles dominados pela supremacia branca, não é legitimado cientificamente. Compromete-se, com isso, a formação de uma negritude envolvida com suas interfaces identitárias, pois cria-se uma atitude de rechaço ao que não é científico, quando se acessa o espaço legitimado para o pensar científico. Junto a isso, o acúmulo de capital simbólico adquirido durante o letramento acadêmico direcionado pelos padrões estabelecidos pelo colonizador, não é potencializado para produzir uma intelectualidade negra transformadora, pois há uma desvalorização e deslegitimação deste capital por estar-se diante de letrados subalternizados. A maldição segue se cumprindo, pois ter-se-á um letramento que conformará capital simbólico, entretanto este não terá valor algum já que não foi acoplado a nenhuma ferramenta de emancipação. Simplesmente foi apresentado para mero cumprimento curricular, sem implicar em qualquer intenção cognitiva eficiente para libertar pelo saber. Trata-se de conhecimento colonizado, que não liberta, só simula libertação. A intelectualidade negra segue repleta de capital simbólico negativo, que não tem funcionalidade pois foi catalogado como inútil e descartável.

Quando Boaventura de Sousa Santos discorre sobre o pensamento abissal, que é o pensamento moderno ocidental, está tratando destes dois universos distintos, que se conformam numa relação de alteridade/outridade, um só existe para fundamentar a existência do outro. Nesta dicotomia está o que existe, o visível, e o que não existe, o invisível. O invisível, inexiste em sua relevância e compreesibilidade, passando a ser excluído do mundo. É este o lugar colonial e tudo que nele habita. É ele quem nos conta que:

> O conhecimento e o direito modernos representam as manifestações mais bem conseguidas do pensamento abissal. Dão-nos conta das duas principais linhas abissais globais dos tempos modernos, as quais, embora distintas e operando de forma diferenciada, são mutuamente interdependentes. Cada uma cria um subsistema de distinções visíveis e invisíveis de tal forma que as invisíveis se tornam o fundamento das visíveis. No campo do conhecimento, o pensamento abissal consiste na concessão à ciência moderna do monopólio da distinção universal entre o verdadeiro e o falso, em detrimento de dois conhecimentos alternativos: a filosofia e a teologia. O caráter exclusivo deste monopólio está no cerne da disputa epistemológica moderna entre as formas científicas e não-científicas de verdade. Sendo certo que a validade universal da verdade científica é, reconhecidamente, sempre muito relativa, dado o facto de poder ser estabelecida apenas em relação a certos tipos de objetos em determinadas circunstâncias e segundo determinados métodos, como é que ela se relaciona com outras verdades possíveis que podem inclusivamente reclamar um estatuto superior, mas não podem ser estabelecidas de acordo com o método científico, como é o caso da razão como verdade filosófica e da fé como verdade religiosa? Estas tensões entre a ciência, a filosofia e a teologia têm sido sempre altamente visíveis, mas como defendo, todas elas têm lugar deste lado da linha. *A sua visibilidade assenta na invisibilidade de formas de conhecimento que não encaixam em nenhuma destas formar de conhecer. Refiro-me aos conhecimentos populares, leigos, plebeus, camponeses, ou indígenas do outro lado da linha. Eles desaparecem como conhecimentos relevantes ou comensuráveis por se encontrarem para além do universo do verdadeiro e do falso.* É inimaginável aplicar-lhes não só a distinção científica entre verdadeiro e falso, mas também as verdades inverificáveis da filosofia e da teologia que constituem o outro conhecimento aceitável deste lado da linha. Do outro

lado da linha, não há conhecimento real; existem crenças, opiniões, magia, idolatria, entendimentos intuitivos ou subjectivos, que, na melhor das hipóteses, podem tornar-se objetos ou matéria-prima para a inquirição científica. Assim, a linha visível que separa a ciência dos seus 'outros' modernos está assente na linha abissal invisível que separa de um lado, ciência, filosofia e teologia e, do outro, conhecimentos tornados incomensuráveis e incompreensíveis por não obedecerem, nem aos critérios científicos de verdade, nem aos dos conhecimentos, reconhecidos como alternativos, da filosofia e da teologia (itálico meu) (SANTOS,2006)

E o que é científico, então? Dentro de uma dinâmica da colonialidade do poder, ciência é tudo aquilo que "a pessoa" (o homem branco europeu) diz que é. Tudo aquilo que se encontra nos limites estipulados por este sujeito universal é o que ele quer que seja. Sendo assim, é ciência e é científico tudo e somente aquilo que observa os parâmetros determinados para tal pela universalidade heteronormativa da supremacia branca.

Há, na academia, uma disputa constante e visceral por reconhecimento. Não me refiro ao reconhecimento da excelência acadêmica, que existe também e é cruel. Me refiro aqui ao reconhecimento da presença indelével da intelectualidade negra nos espaços imaculados do saber legitimado pela colonialidade do poder. Este reconhecimento implica em permitir ao negro apossar-se do espaço e sentir-se pertencente. Porém, entre a leve sensação de pertencimento e a real concretização deste fenômeno há um enorme abismo epistêmico.

Faz-se necessária a implementação de novas epistemologias, revolucionárias e que legitimem saberes localizados em lugares para os quais a academia não se interessa em olhar senão considerando o exotismo do objeto de suas pesquisas. A insistência de alguns acadêmicos na prática recorrente de falar pelos outros permanece invisibilizando e inviabilizando a conquista de pertencimento do negro no espaço acadêmico, pois deslegitima outros saberes e seu caráter científico. Ainda com Boaventura, aprende-se que:

Esta negação radical de co-presença fundamenta a afirmação da diferença radical que, deste lado da linha, separa o verdadeiro do falso, o legal do ilegal. O outro lado da linha compreende uma vasta gama de experiências desperdiçadas, tornadas invisíveis, tal como os seus autores, e sem uma localização territorial fixa. Em verdade, como anteriormente referi, originalmente existiu uma localização e esta coincidiu historicamente com um território social específico: a zona colonial. Tudo o que não pudesse ser pensado tem termos de verdadeiro ou falso, de legal, ou ilegal, ocorria na zona colonial. (SANTOS, 2006)

Este pensamento abissal é que, entendo, permite a formação dessa "maldição de um capital simbólico negativo", pois este é tornado invisível, colocado em outro lugar, ou seja, fora do mundo, que é o norte global. É contra isso que o afroletramento se impõe.

"Para nos confrontarmos mutuamente de um lado e do outro das nossas diferenças, temos de mudar de ideia acerca de como aprendemos", é o que ensina bell hooks ao analisar a construção do saber em suas salas de aula de estudos feministas. Dentro desta perspectiva, a implementação de estratégias diversas de letramentos acadêmicos, que comportem outras possibilidades insere no discurso uma dinâmica descolonizadora e, portanto, dessubalternizada. Em Nilma Lino Gomes, encontramos importantes ensinamentos sobre o tema. É ela quem diz:

> A colonialidade é resultado de uma imposição do poder de dominação colonial que consegue atingir as estruturas subjetivas de um povo, penetrando na sua concepção de sujeito e se estendendo para a sociedade de tal maneira que, mesmo após o término do domínio colonial, as suas amarras persistem. Nesse processo, existem alguns espaços e instituições sociais nos quais ela opera com maior contundência. As escolas de educação básica e o campo de produção científica são alguns deles. Nestes, a colonialidade opera, entre outros mecanismos, por meio dos currículos. (GOMES, 2019)

Dessubalternizar, sair ou retirar da subalternidade, implica, portanto, em um processo de instrumentalização do ser para que este encontre novos caminhos e sentidos de existir. A ideia de que a educação é uma prática de liberdade, como nos ensina Paulo Freire, é acertada e atual. O processo de afroletramento do ser, se apresenta como estratégia decolonial de libertação de amarras de subalternidade e opressão.

Pesquisa do Instituto Brasileiro de Geografia e Estatística (IBGE) revela que há na população brasileira, o dobro de negros e pardos analfabetos, quando comparados ao número de brancos nesta mesma condição. Trata-se de um dado que reflete a lógica do racismo estrutural que condiciona as relações de modo a manter uns sob constante domínio por outros. A dificuldade de acesso ao capital cultural, necessário para a emancipação do ser, bem como a deslegitimação do capital simbólico que este corpo carrega, são conveniências sócio-políticas de uma persistente colonialidade do poder.

A maldição da subalternidade é alimentada pelas incongruências que as relações com o saber e o conhecimento vão criando pelo caminho. Manter grandes grupos analfabetizados coaduna com o projeto de manutenção ideológica de uma superioridade branca. Por outro lado, percebe-se um constante encorajamento para que estes corpos subalternizados busquem o letramento. Entretanto, este acesso ao capital cultural é sempre precarizado, pois deformado ou incompleto. Não há um real interesse em se instrumentalizar para emancipar. Forma-se um capital cultural para ser usado como reprodutor da própria ideologia dominante e deforma-se um capital simbólico potencialmente promissor.

Explico-me melhor. No campo da intelectualidade, os corpos subalternizados são incentivados a permanecer como sempre estiveram, à margem. Porém, sabendo-se de muitos que não se contentam com esta condição, há também um encorajamento para que busquem o poder pelo conhecimento. Daí a busca audaz pelo letramento. Ao letrar-se o subalterno passa a acessar um determinado capital cultural bourdieusiano, que o impele em direção à libertação, mas este capital é falacioso pois forjado sob os moldes e diretrizes da supremacia branca, medido e pesado conforme seus interesses, de modo que o subalterno consegue colocar-se de pé e caminhar, mas só tem forças para dar poucos passos, permanecendo praticamente no mesmo lugar. Ao largo disso, o capital simbólico, que este subalternizado já possuía e que se aprimora por meio de interconexões que a academia intensifica, não encontra respaldo na academia, que se esforça por deslegitimá-lo e marginalizá-lo, retirando-o do espaço referenciado como "científico".

Amaldiçoado pela posse de um capital cultural reprodutor das relações que o mantém aprisionado e por um capital simbólico negativo, o subalterno persiste no espaço acadêmico como um estranho no paraíso. Sua figura intrusiva é por muitos tolerada, mas nada além disso. É quase como sermos aceitas na casa dos brancos para estudar com a colega, mas desde que não flertemos com o irmão da moça, uma espécie de sacrilégio a ser punido com o expurgo total.

As instituições educacionais podem, portanto, se mostrar um interessante espaço de dominação, ao se recusar a implementar outras formas de letramento efetivamente emancipatórias, servindo exatamente para exaltar aqueles que podem, com tranquilidade, dispensar seus serviços, pois já chegam à academia fortemente dotados de todo o capital necessário para permanecerem na centralidade do poder.

Sendo assim, letrar não é suficiente para emancipar. É importante sim, mas não é o suficiente. É como oferecer uma enxada sem cabo para um lavrador faminto. Há mais a se fazer para que subalternizados consigam se dessubalternizar, deslocar-se social, econômica e politicamente. Para tanto, uma alternativa interessante, é tornar este letramento mais robusto aprimorando-o, potencializando-o através da afrocentricidade.

Afroncentricidade é conceito cunhado por Molefi Kete Asante e se refere a "uma crítica da dominação cultural e econômica e um ato de presença psicológica e social diante da hegemonia eurocêntrica" (2016, p.10). Trata-se, segundo Asante, de "uma peça central de regeneração humana" (ASANTE, 2016).

Entretanto, importa pontuar, para que não surjam equívocos, que afrocentrar não implica em trabalhar numa perspectiva radical que pretende expurgar as contribuições do colonizador. Afrocentrar, implica em equilíbrio, respeito e amplitude epistemológica. Para Asante, o processo de colonização implementa uma dinâmica de descentramento do povo negro, do povo afro-diaspórico. Este centramento, melhor dizendo, afrocentramento, implica em atravessar todas as questões da vida pelo eixo da ancestralidade que alicerça a negritude. Não significa alheamento ou deslegitimação de discursos ou práticas culturais de outros povos, ainda que opressores. Mas sim uma reafirmação de posições cognitivas de sentir e pensar o mundo partindo de outros lugares de fala, de outras vivências, de outros saberes.

O afroletramento vem como uma ferramenta intelectual de dessubalternização à medida que confere sentido e efetividade ao capital cultural adquirido na formação escolar, ao mesmo tempo em que torna legítimo o capital simbólico trazido por aquele discente periférico.

Elisa Larkin Nascimento (2003) explica que o pensamento afrocêntrico investiga e propõe novas formas de articular o estudo, a pesquisa e o conhecimento nesse campo. Com isso, não se está diante de uma nova episteme que se impõe como universal e absoluta. Trata-se de uma nova forma de se articular discursos e de se construir pontes e estabelecer diálogos.

O grande postulado da afrocentricidade é a pluralidade, o que a diferencia grosso modo da ideologia eurocentrada que se considera como universal e única. Afrocentrar implica em reconhecer múltiplas epistemes e legitimá-las todas. Dentro deste entremeado de possibilidades, afroletrar implica em implementação de estratégias curriculares que ofereçam múltiplas possibilidades de leitura e compreensão do mundo. Não resumindo o aprendizado somente ao que é proveniente do norte global.

AFROLETRAMENTO JURÍDICO

No meu letramento jurídico, aprendi teorias que defendem verdades universais e fui apresentada aos cânones do saber jurídico. Irrefutáveis, indiscutíveis, insubstituíveis. Teóricos, teorias e ideologias consideradas ponta de lança na discussão sobre direito e justiça. Não tive contato ou informação da existência de nada ou ninguém relevante para além daqueles baluartes da academia. Pouco ou nada surpreende que a gênese de quase todos os estudos tidos por essenciais que compuseram minha formação jurídica era a Europa, o centro do mundo. Em alguns momentos também circulávamos pela América do Norte. De toda forma, não foi dado um passo sequer para além do norte global.

Diante desta formação, considerada o ápice da excelência acadêmica, tratei de reproduzir os saberes adquiridos e legitimados, sem questionar. Portanto, fui talhada academicamente para produzir e reproduzir um conteúdo marcado por um viés eurocêntrico. Naturalmente, iniciei minha docência formando e letrando do mesmo modo como vivenciei a experiência do letramento. Me tornei, inconscientemente, reprodutora de uma formação que não enquadra meu povo, minha história, minha ancestralidade como existentes e consideráveis. Embora negra, não passava de uma jurista que reproduzia o discurso da colonialidade do poder, sem considerar o quão provinciano e reduzido era este universo que me fora apresentado como totalidade. Por que isto aconteceu? Porque é assim que se formam juristas desde a instalação do primeiro curso de Direito neste país.

É o Direito o principal agente materializador/legitimador de práticas de extermínio da população negra no Brasil. Quando o processo de letramento de juristas ignora as peculiaridades do subalterno, negando-lhe silenciosamente uma formação emancipatória, que tipo de praxis é desenvolvida por este profissional?

Certa vez, em um ciclo de palestras, uma outra convidada que compartilhava a mesa comigo, narrou que fora totalmente rechaçada em classe quando suscitou o tratamento de um determinado tema pelos estudos de Frantz Fanon, apresentando-o como alternativa aos textos que só se concentravam nos tradicionais pensadores de sempre. A proposta foi deslegitimada de pronto sob o argumento de que tal pensador não existia.

Este tipo de comportamento acadêmico é muito próprio do pensamento hegemônico e universal, que exclui tudo o que desconhece. O desconhecimento docente foi ordinariamente justificado pela inexistência do renomado pensador antirracista que durante as décadas de 1950 e 1960 produziu trabalhos importantíssimos. A máxima "não conheço, portanto não existe" foi e ainda é utilizada como argumento de autoridade mais vezes do que um discente incauto é capaz de contar.

O letramento jurídico forjado sobre bases eurocêntricas e coloniais não viabiliza a formação de pontos de sinapses cognitivas que conectem os saberes e instrumentalizem juristas negres para pensarem como negres.

Juristas negres são letrados diariamente por todo o Brasil, mas não são instrumentalizados para gerirem seu capital simbólico acumulado e entremeado de vivências e experiências sociais, de modo a tornarem-se juristas que se emancipem a sim mesmos e consigam também emancipar outros subalternizados. E esta é uma estratégia da supremacia branca que, através da colonialidade do poder, pretende manter em suas pernas monstruosas o domínio do conhecimento e das subjetividades.

Nestes moldes, questiono como é possível um adequado processo de letramento jurídico de subalternos sem se abordar qualquer aspecto relacionado à subalternidade, ao direito discriminatório ou às questões raciais? A quem beneficia um processo de letramento jurídico de corpos historicamente oprimidos que não aborde qualquer viés de opressão, sabendo-se que compete ao sistema judiciário controlar e legitimar comportamentos de grupos minoritários, produzindo ou reprimindo estruturas de poder pelas quais se busca a emancipação? (BUTLER, 2017)

Que jurista será forjado por um processo de letramento direcionado para as demandas de uma elite branca universalizada? E para o que serviria este jurista? Para reproduzir o discurso eurocêntrico e universal benéfico à superioridade branca? Para legitimar o discurso de marginalização/criminialização do corpo negro e seu genocídio ou encarceramento em massa? Para neutralizar os movimentos antirracistas?

Defendo a ideia de que a estrutura sobre a qual se ergue qualquer instituição de letramento jurídico deste país, com seus jogos de poder e estratégias de dominação, promove intencionalmente uma fratura na identidade racial do subalterno que o impede de alcançar a emancipação, coopintando-o para que seja um reprodutor do discurso hegemônico e, com isso, mantenham-se intactas as dinâmicas de opressão, articuladas agora com a colaboração do próprio oprimido fraturado, conformado ou deformado.

Cornel West (1999) aborda o dilema dos intelectuais negros que insistem em se fazer ouvir, mas que não encontram interlocutores que valorizem sua fala. Muitas das vezes, opta-se por percorrer caminhos paralelos que promovam o maior alcance desta voz, sobretudo através da chamada subcultura letrada, que, por meio das músicas, dos grafites, da arte de um modo geral, tenta apresentar sua perspectiva decolonial.

O Direito se apresenta como ponto de convergência de possibilidades de transformação intelectual e também de recolocação social. Quando uma mulher negra adentra o espaço de uma faculdade de Direito para se sentar nos bancos escolares e adquirir letramento jurídico, essa mulher está movimentando estruturas tão rígidas que chegam a ser quase inarredáveis, posto que forjadas em um padrão secular.

Mas quando adentra este espaço acadêmico essa mulher passa a se submeter a uma formação que reifica estratégias pedagógicas machistas, racistas e eurocentradas. Isso se evidencia em vários momentos, como quando são considerados como marcos originários da ciência do Direito aqueles apresentados pelos gregos, pelos europeus; embora haja inúmeros estudos que comprovem que as bases do pensamento jurídico já vinham sendo erguidas em África muito antes.

Juristas em formação são bombardeados por autores europeus considerados platôs do saber, mas que defendem posições altamente misóginas e racistas. São apresentados a um constitucionalismo que ignora a Revolução do Haiti e a Constituição Haitiana de 1805 como marco fundamental para a consolidação de direitos humanos. Estudam a Declaração Universal dos Direitos Humanos de 1948 e em nenhum momento é aventada a problemática das colônias africanas, que por estarem sob o jugo europeu não gozavam de diversos direitos previstos naquele documento exaltado como universal (Universal para quem? Se é considerado universal, e os negros africanos ficam de fora, estão estes sendo considerados humanos? A desumanização dos negros no período de colonização dos povos africanos pelos europeus colocaria em xeque os preceitos defendidos por estes grandes cientistas do Direito que reduzem suas abordagens ao que é chamado por eles de universal?).

Essas apresentações coloniais do mundo, que só evidenciam um lado da história, só os saberes de um grupo, e este grupo é sempre o do colonizador, do opressor, são evidências de uma fratura educacional, que se propaga e estende para além dos bancos escolares. Numa formação acadêmica, por exemplo, este viés curricular altamente colonial propicia o surgimento de que tipo de cientista social? Se são apresentados aos discentes somente pensamentos autoritários, racistas, machistas, eurocentrados, como poderão compreender que existe mais para além disso?

A educadora Nilma Lino Gomes explica que:

> A colonialidade se enraíza nos currículos quando disponibilizamos aos discentes leituras coloniais do mundo, autores que, na sua época, defendiam pensamentos autoritários, racistas, xenófobos e que produziram teorias sem fazer a devida contextualização e a crítica sobre quem foram, pelo que lutaram, suas contradições, suas contribuições e seus limites. E sem mostrar o quanto a sociedade, a cultura, a política e a educação repensaram e questionaram várias 'verdades' aprendidas há tempos atrás e como isso possibilitou e tem possibilitado a garantia de direitos antes negados.
> Nesse caso, cabem as perguntas: teremos sempre que nos reportar aos mesmos autores e aos mesmos clássicos para interpretar e compreender a nossa realidade? Será que, paralelamente ao que acostumamos chamar de 'clássicos' e que compõem o cânone acadêmico, não tivemos outras produções de caráter mais crítico e analítico que, por diversos motivos e até pela luta por hegemonia no campo do conhecimento, foram esquecidos, invisibilizados e relegados ao ostracismo? Como seria a nossa interpretação do mundo atual e dos fatos já acontecidos se retomássemos essas obras, hoje, numa postura decolonial? (2019, p.232)

Impende destrinchar o tema, haja vista ser curioso se pensar que "universal" é o que é "europeu"; pois, caso assim fosse, então o pensamento do chamado norte global seria altamente provinciano e reducionista, dado que a Europa é uma parcela muito pequena do planeta terra. Para além da Europa, se acrescenta a reificação do norte-americano que considera EUA como a América, e ignoram os povos latino-americanos como parte do continente, ainda manter-se-á uma visão altamente reducionista do que deve ser tido por "universal".

Quando se reporta ao uso do termo "eurocentrado", é importante se ter em mente todo o pensamento do chamado norte-global, que se irradia para além da própria Europa, mas que ainda preserva o péssimo hábito de considerar aqueles e seus ancestrais como o centro do mundo, a razão de ser e existir da humanidade.

Destaco que uso expressões como eurocentrismo ou norte-global e estas são apresentadas como aproximações terminológicas. Do mesmo modo como também se aproximam expressões como *africana* (grafado desta forma seguindo o plural do latim e que remete ao pensamento africano originário de África e também ao pensamento produzido pelos corpos diaspóricos) e *decolonial*. Embora o pensamento africana e o decolonial possuam bases formadoras distintas, confluem à medida que advém de grupos descendentes dos processos de migração forçada ou de colonização. Aqui, embora diferentes, tanto o pensamento africana quanto o decolonial, formam o pilar do chamado Sul Global, que é o norteamento de toda a episteme aqui defendida. Ademais, diversos atores da decolonialidade são descendentes afro-diaspóricos que carregam uma luta ancestral.

Nilma Lino Gomes detecta um dos problemas da colonialidade e o evidencia da seguinte forma:

> A colonialidade se materializa no pensamento e na postura arrogante e conservadora de educadores diante das diversidades étnica, racial, sexual e política existentes na escola e na sociedade. Ela se torna realidade pedagógica por meio de uma seleção de mão única dos conteúdos a serem discutidos com os estudantes, os quais priorizam somente um determinado tipo de abordagem sobre as várias e desafiadoras questões sociais, políticas e culturais do país, da América Latina e do mundo, em vez de disponibilizar para os discentes e público em geral as várias e diferentes leituras e interpretações sobre a realidade. (GOMES, 2019, p. 231-232)

Para que uma construção de dinâmicas antirracistas e efetivamente emancipatórios tenha êxito, necessário se faz uma transformação epistêmica e metodológica que abandone a ideologia colonial e desvele o afrofuturo da formação jurídica do país.

A descolonização curricular através do afroletramento pretende criar espaços de trânsito discursivo numa academia construída e organizada para formar juristas nos moldes europeus, padronizados sob parâmetros de excelência que são fincados para solucionar problemas de um povo composto por uma maioria esmagadoramente subalternizada.

Num país marcado por altos índices de encarceramento em massa, práticas frequentes de extermínio da juventude negra, distribuição desigual de riquezas, desproporcionalidade da incidência da carga tributária sobre contribuintes subalternizados e violência doméstica exacerbada em espaços periféricos, torna-se premente uma reformulação da maneira como são formados os juristas. Pois, se este Direito para o qual estes juristas colonizados foram letrados não serve para resolver dilemas dos grupos subalternizados, para que ele serve? Ou melhor dizendo, para quem ele serve?

O Direito é ferramenta fundamental para a materialização do racismo estrutural e suas nuances opressoras. Não é desproposital que as primeiras faculdades de Direito do Brasil tenham formado seus primeiros juristas na época em que as bases do racismo científico estavam se estruturando no país. O letramento destes juristas, organizado sobre uma base curricular eurocentrada, é o mesmo que vem sendo feito em todo o país desde então. Há, por óbvio, algumas adequações e ajustes aos novos tempos, mas a lógica de dominação e subalternização preserva-se intacta.

Num país em que predomina uma população subalternizada, o Direito precisa servir para emancipar, libertar e dessubalternizar. Caso contrário, tudo permanece como sempre foi preservando-se as estruturas arcaicas e os acúmulos (de riqueza, de poder, de saber, de comando) nas mãos dos mesmos que sempre os detiveram. Aliás, os mesmos que há gerações vem formando estes juristas, pois são estes que, em sua maioria, ocupam as cátedras e se responsabilizam pelo letramento jurídico que repercute para muito além dos bancos escolares. Um jurista contribui na produção legislativa, na aplicação destas leis; decide quem é preso e quem fica solto; estabelece limites e impõe dever-ser. Um jurista é formado para operacionalizar o Direito, claramente conhecido como uma das mais potentes ferramentas de dominação e controle social. Portanto, letrar juristas não é tarefa de pouca monta, muito pelo contrário, trata-se de determinar sentidos e possibilidades políticas, de estabelecer devires.

Afroletrar exige um compromisso com a formação integral do ser. Apresentando leituras múltiplas do mundo e suas potencialidades. O desmonte do maquinário educacional que preserva subalternidades, precisa ser considerado pauta de primeira ordem. É necessário que haja uma construção de pedagogias que transformem as instituições de formação jurídica em espaços de emancipação real e efetiva.

Este texto é um apelo à reconfiguração das bases de letramento nas escolas de todo o país, da educação infantil ao ensino superior. Este estudo desenvolvido por uma pessoa sem formação específica na área da pedagogia, intenta servir como instrumento de provocação para que estudiosos com a expertise devida se sintam instigados a pesquisar e produzir trabalhos sobre o tema.

JURISTAS AFROLETRADOS E A EMANCIPAÇÃO PELO SABER

Juristas afroletrados são corpos em expansão, criadores de entre-lugares acadêmicos e promotores de justiça afroncentrada.

O entre-lugar é um espaço intersticial, pensado por Silviano Santiago e também por Homi Bhabha, como um entremeio que consegue harmonizar narrativas em disputa.

Partindo da ideia de fronteira, componente importante do pensamento decolonial, as disputas epistemológicas que se travam durante a formação, conformação ou deformação de juristas no Brasil, precisam permitir a estruturação de espaços que considerem uma ética relacional, reflexo de uma cosmovisão, como é a ética dos orixás.

O entre-lugar é este espaço fronteiriço. E é deste entre-lugar que se pronuncia o jurista afroletrado e que este interconecta saberes oriundos do norte e sul globais, saberes refletidos de sua cosmovisão. É uma estratégia viável para superar as perspectivas dualistas que a disputa de epistemes pode propiciar.

Para além de currículos eurocentrados marcados pela universalidade racional branca, a inclinação para uma base curricular afroncentrada liberta o aprendizado de uma lógica bipolar de disputa acadêmica que marca os corpos como opressores e oprimidos e estabelece como meta a cooptação dos dominados para advogarem em prol dos interesses dos dominadores.

O afroletramento constrói o entre-lugar, ou seja, uma resposta estratégica ao pensamento colonizador que subalterniza o ser e o saber.

Uma academia que se abre para o afroletramento de seus juristas, passa a operar dialeticamente com o afrofuturo e contribui para o devir do Direito, que não mais se sustentará caso não seja alvo de profunda reforma e transformação de suas bases estruturais, arcaicas e eurocentradas.

Mas como promover este movimento de abertura? As estratégias de mudança para uma pedagogia da libertação através da implementação do afroletramento são múltiplas e variáveis de acordo com as características de cada instituição de ensino jurídico do país. Porém, há dinâmicas de implementação dessa tecnologia disruptiva que independem de peculiaridades e especificidades. Dentre elas, se destaca a alteração dos currículos acadêmicos. Trata-se de uma reformulação das bases estruturais da formação das escolas jurídicas, ampliando-se o foco de abrangência dos estudos, problematizações, concepções e diretrizes. Partindo de uma construção afrocentrada, a nova grade curricular deve ser múltipla em suas formas de ensinar e formar os discentes que lhe chegam aos bancos escolares.

Muitas instituições de ensino jurídico, principalmente públicas, já promovem a oferta de disciplinas afrocentradas em seu programa de pós-graduação. Entretanto, não é suficiente, já que nem todos os graduandos buscarão uma formação adicional na academia. Sendo assim, a implementação da tecnologia disruptiva do afroletramento se torna fundamental na graduação. Graduandos precisam ter acesso a leituras afroletradas do mundo, permitindo-os acessar outras possibilidades epistemológicas.

Reformulados os currículos, ainda que de forma transversal e indireta, ou seja, com a implementação de um eixo transversal, ou com a inclusão de leituras diversas do mundo, passa-se à necessidade de atualização pedagógica dos docentes, letrados dentro de uma lógica eurocentrada. Essa atualização precisa ser estruturada e aplicada por profissionais com eixos diversos de formação, mas todas afrocentradas. Serão formadores com experiência em afroletramento provenientes da pedagogia, antropologia, artes, história, filosofia, dentre outros eixos diversos.

Essa atualização pedagógica é de fundamental importância em instituições de formação jurídica, posto que nestes ambientes raros são os docentes cuja formação tenha sido atravessada por uma real preocupação didático-pedagógica. Muitos são experts em suas áreas de atuação jurídica, mas não foram talhados para a atividade docente, comprometendo muito a própria compreensão que estes devem ter da necessidade de implementação do afroletramento. Essa atualização pedagógica trava também uma luta egóica e bastante complexa, já que precisará confrontar narrativas estruturadas com base numa colonialidade do poder que não pretende ceder espaços para a formação de entre-lugares epistêmicos.

CONCLUSÃO

Evidenciada está a disputa de narrativas que existe no espaço acadêmico e que não se permite mais ser ignorada. É sabido que a narrativa depende de quem narra, portanto, é preciso abrir espaços para outros corpos, não hegemônicos, os que estão nos entre-lugares epistêmicos, para que tenham o poder de implementar metodologias que os coloquem no centro, assenhorados do poder que lhes foi negado.

A subalternidade não pede passagem, ela vem, insubmissa, impondo-se no desbravamento de seus próprios caminhos. Centralizando a margem e desestabilizando a lógica de privilégios que enreda e conforta o grupo até então hegemônico. Com esta dinâmica de atuação, o afroletramento se apresenta como metodologia de libertação e emancipação dos corpos aprisionados no entremeio da invisibilidade.

Penso que, enquanto as universidades de ensino jurídico do país estiverem formando seus juristas com fulcro em uma leitura norte-centrada do mundo, estar-se-á diante da produção de três vertentes de agir jurisdicional:

1. um grupo de juristas marcados pelo privilégio e treinados para lutar e manter a lógica de dominação colonial;

2. um outro grupo de juristas subalternizados coopitados pelo sistema de manutenção de dominação e postos num lugar do invisível, em que pensam que atuam e produzem epistemes, mas na verdade só reproduzem e reforçam o que interessa ao dominador, se tornando invisíveis em sua potência emancipatória de seus pares ao mesmo tempo em que também são intrusos no espaço do dominador, que os querem lutando por seus interesses, mas não os querem por perto;

3. um terceiro grupo de juristas letrados num modelo arcaico, mas insurretos e desgarrados, empenhados na luta por transformações num sistema judiciário que só serão possíveis se feitas de dentro pra fora, e não no sentido contrário.

Em outros moldes, partindo de um giro pedagógico afrofuturista no ato de ensinar o Direito, o afroletramento jurídico promove uma ampliação do espaço de disputas de narrativas. Trazendo outros atores para a centralidade do ensino e permitindo que novas formas de se pensar o sistema judiciário sejam cogitáveis.

Não se pode negar que há um êxito no projeto de dominação e controle social implementado sob a batuta das instituições jurídicas. O

Direito é regulador social de força e potência indiscutíveis. Se esta ferramenta só serve a um senhor, há que se ponderar por mudanças. Há outro Direito possível. É preciso que se busquem novas estratégias que redefinam as bases do ensino jurídico no país, de modo a permitir que outras narrativas possam disputar o espaço de poder sem serem esvaziadas de sentido e identidade. A implementação do afroletramento jurídico como tecnologia disruptiva, plural e justa, é alternativa que deve ser estudada com acuro e atenção. O fardo da "maldição do capital simbólico negativo" precisa dar lugar a novas formas de se sentir e viver a construção, desconstrução e reconstrução do saber jurídico permitindo que as epistemologias do sul global tenham, enfim, condições de frutificar em solo fértil.

REFERÊCIAS

ASANTE, Molefi Kete. Afrocentricidade como Crítica do Paradigma Hegemônico Ocidental: Introdução a uma Ideia. Ensaios Filosóficos, Vol. XIV, dez., 2016.

BHABHA, Homi. *O local da cultura*. Belo Horizonte: Editora UFMG, 2018.

BOURDIEU,Pierre. Postface. La noblesse: capital social et capital symbolique. *In*: LANCIEN,D.; SAINT MARTIN, M. (Orgs.). *Anciennes et nouvelles aristocraties de 1880 à nos jours*. Paris: Ed. de la MSH, 2007.

BUTLER, Judith. Problemas de gênero: feminismo e subversão da identidade. Rio de Janeiro: Civilização Brasileira, 2017.

CARNEIRO, Aparecida Sueli; FISCHMANN, Roseli. *A construção do outro como não-ser como fundamento do ser*. São Paulo: Universidade de São Paulo, 2005.

FELIPE, Luiz Carlos; ZAPPONE, Mirian Hisae Yaegashi. Afroletrar o letramento para enegrecer o currículo. *Revista de Estudos Literrários Terra Roxa e Outras Terras*, v. 37, 2019.

GOMES, Nilma Lino. O Movimento Negro e a intelectualidade negra descolonizando os currículos. *In*: BERNARDINO-COSTA, Joaze; MALDONADO-TORRES, Nelson; GROSFOGUEL, Ramón. *Decolonialidade e Pensamento Afrodiaspórico*. Belo Horizonte: Autêntica Editora, 2019.

HARAWAY, Donna. *Saberes Localizados: a questão da ciência para o feminismo e o privilégio da perspectiva parcial*. Cadernos Pagu (5) 1995: pp. 07 – 41.

hooks, bell. Ensinando a Transgredir: a educação como prática da liberdade. São Paulo: Martins Fontes, 2013.

NASCIMENTO, Elisa Larkin. *O sortilégio da cor:* identidade, raça e gênero no Brasil. São Paulo: Summus, 2003.

ROJO, Roxane Helena Rodrigues. *Letramentos múltiplos*: Escola e Inclusão Social. São Paulo: Parábola, 2009.

SANTIAGO, Silviano. *Uma literatura nos trópicos:* ensaios sobre dependência cultural. Rio de Janeiro: Rocco, 2000.

SANTOS, Boaventura de Sousa. *A gramática do tempo:* para uma nova cultura política. São Paulo: Cortez, 2006.

SANTOS, Boaventura de Souza; MENESES, Maria Paula (orgs). Revista Lusófona de Educação, 13, 2009.

WEST, Cornel. O Dilema do Intelectual Negro. In: WEST, Cornel. The Cornel West: reader. Nova York: Basic Civitas Books, 1999, p. 302 – 315 (Tradução e notas de Braulino Pereira de Santana, Guacira Cavalcante e Marcos Aurélio Souza).

A CONTRIBUIÇÃO DO MOVIMENTO NEGRO PARA A URGÊNCIA DE UMA PEDAGOGIA ANTIRRACISTA

Paulo Gustavo da Costa Santos[1]

Neste presente estudo buscamos salientar a importância sócio-histórica do movimento negro e suas contribuições para o campo da educação, em uma perspectiva de uma pedagogia antirracista. Ressaltamos aparatos legais para a legitimação do trabalho sobre as relações étnico raciais na construção afirmativa das crianças negras e a relevância do trabalho literário e histórico para a construção identitária na infância de crianças negras.

CONTEXTUALIZAÇÃO HISTÓRICA:

Iniciamos nossas discussões acerca das contribuições históricas do movimento negro na educação e reeducação do país, partindo da afirmação que o Brasil foi o último país da América a abolir práticas escravocratas e quando isso ocorreu em 1888, não houve políticas públicas para o povo negro, que foram forçados a sair de suas terras e obrigados a trabalhar em condições desumanas e precárias, o que caracteriza um regime escravagista. E mesmo com a instauração da expansão do capitalismo brasileiro nenhuma legislação foi direcionada naquele período ao povo negro.

Neste contexto, traremos momentos memoráveis e históricos das lutas e conquistas do movimento negro como força de resistência, legitimados apenas a partir da Constituição de 1988, marco no acolhimento das vozes dos grupos historicamente discriminados, como os negros, os índios, as mulheres, homossexuais e entre outros, vão além dos

---

1 Pedagogo, Mestrando em educação pela Faculdade de Educação da Universidade do Estado de Minas Gerais (FaE/UEMG) e professor antirracista da Educação Básica.

direitos básicos para a sobrevivência humana, tais como alimentação, saúde, moradia e educação. Prezam por igualdade ao acesso e permanência em determinados espaços, como direitos a práticas culturais, como apresentados na seção II da cultura artigo 215 e 216.

Para compreendermos a colaboração e representação do movimento negro em prol da sociedade brasileira e para a educação/reeducação no Brasil, elencaremos marcos memoráveis de atuação e resistência partindo da imprensa negra paulista, que foi considerada desde os primeiros anos do século XX até meados da década de 1960 por produzir conteúdo ditos como emancipatórios e que tinham como pauta a evidenciação do racismo cientifico, este jornal possuía um caráter político e educativo para a população negra na perspectiva de superação do racismo e integração na sociedade.

Todas estas publicações da imprensa negra paulista tinham como objetivo denunciar e romper com a sociedade racista, inflexível, hierarquizada e preconceituosa da época, para conhecimento listaremos alguns exemplares publicados pela imprensa: O Xauter (1916), Getulino (1916-1923), O Alfinete (1918-1921), O Kosmos (1924-1925), O Clarim d'Alvorada (1929-1940), A Voz da Raça (1933-1937), Tribuna Negra (1935), O Novo Horizonte (1946-1954), Cruzada Cultural (1950-1966) entre outros.

Concomitante com as publicações da imprensa negra paulista criam-se em São Paulo a Frente Negra, em 1931. Esta associação tinha como objetivo, politização, informação e recreação. Que propiciava diversas atividades educativas, além de criar escolas e cursos de alfabetização para crianças, jovens e adultos. Em 1936 esta associação transformou-se em partido político, e em 1937 foi desfeito mediante decreto assinado por Getúlio Vargas, que ilegitimava partidos políticos.

Um pouco mais adiante salientamos a elaboração do Teatro Experimental do Negro (TEN), em 1944-1968, que tinham como prática a denúncia da discriminação racial, formando atrizes, atores e dramaturgos negros, resgatando a herança africana em representação brasileira. O TEN possuía também um papel educativo, pois, alfabetizavam os futuros atores e dramaturgos, e os convidavam a refletir criticamente a posição ocupada por eles na sociedade brasileira. O TEN também produziu e publicou um conteúdo, em formato de jornal, que era o Quilombo (1948-1950), em que denunciava o racismo e a ausência do protagonismo negro.

Desta maneira, se destaca em 20 de novembro de 1995, o Movimento Negro realizou a Marcha Zumbi dos Palmares Contra o Racismo, pela Cidadania e a Vida, com a presença de cerca de dez mil participantes, em Brasília. Gonçalves e Silva afirmam: " [...] sem esse ator coletivo jamais teríamos pautado o tema do racismo e da discriminação étnico-racial nas agendas políticas e da justiça brasileira."[2]

Utilizando desta oportunidade, por meio de um documento entregue ao então presidente Fernando Henrique Cardoso, reivindicou-se o combate à discriminação racial no ensino, a revisão de livros didáticos e programas de ensino, voltada para as questões raciais, e a formação permanente de professores no mesmo sentido.[3] E assim, com a tramitação da Lei de Diretrizes e Bases da educação, lei 4.024/61, segundo Dias inicia-se a discussão genérica sobre raças, mas em função da implementação da ditadura o retrocesso ocorre e a temática racial perde o espaço de discussão e só é retomada a partir da nova LDB (Lei 9.394/96 incluindo os artigos 26 A e 79 B, promulgado pela lei 10.639/03).[4]

Partindo destas observações históricas compreendemos que a construção do movimento negro se dá pela resistência e luta do povo negro, que vem contribuindo desde a chegada dos africanos/as escravizados/as no Brasil com a construção dos saberes formado inicialmente pelos coletivos e/ou quilombos, que tinham como objetivo visibilidade às injustiças e desigualdades sociais que as pessoas negras e negros eram submetidos.

O foco agora são as questões relacionadas a conquistar seu lugar de reconhecimento e colaboração na sociedade brasileira, visto que historicamente a estrutura eurocêntrica e hegemônica vem nos caracterizando e construindo sobre uma ideologia de inferiorização racial do corpo negro como seres indignos e que não possui participação na organização do país. Para a compreensão do termo raça e faz-se necessário evidenciar a definição de Domingues:

> Para o movimento negro, a "raça", e, por conseguinte, a identidade étnico-racial, é utilizada não só como elemento de mobilização, mas também de mediação das reivindicações políticas. Em outras palavras, para o movimento negro, a "raça" é o fator determinante de organização dos negros em torno de um projeto comum de ação.[5]

2 GONÇALVES; SILVA, 2000, p. 105.

3 DIAS, 2005; SANTOS, 2005; SANTOS; MACHADO, 2008.

4 DIAS, 2005.

5 DOMINGUES, 2007, p. 102.

Neste ponto de vista, a luta da população negra objetiva em resoluções de problemas pautados na sociedade estrutural e estruturante, oriundos da organização racializada e inferiozante da estrutura do Brasil pautadas em discriminações e marginalização em âmbitos do mercado de trabalho, na educação, na política e cultural. De acordo com Carlos Hasenbalg:

> O movimento negro contemporâneo ressurge a partir de meados da década de 70, nos finais de um período acentuadamente autoritário da vida política brasileira. Como o dos movimentos sociais que afloram na mesma época, seu discurso é radical e contestador. O renascimento do movimento tem sido associado à formação de um segmento ascendente e educado da população negra que, por motivos raciais, sentiu bloqueado o seu projeto de mobilidade social. A isso deve ser acrescentado o impacto nesse grupo de novas configurações no cenário internacional, que funcionaram como fonte de inspiração ideológica: a campanha pelos direitos civis e o movimento do poder negro nos Estados Unidos e as lutas de libertação nacional das colônias portuguesas na África.[6]

Mediamente ao exposto e ainda dialogando com Carlos Hasenbalg segundo o autor, as vivências da população negra eram e ainda é marcada pelo racismo estabelecido pela população brasileira.[7] Assim o movimento negro luta para que se tenham especificidades políticas e educativas de caráter afirmativo.

MARCOS LEGAIS PARA AVANÇOS DAS LUTAS ANTIRRACISTAS: DA CONSTITUIÇÃO DE 1988 À LEI 11645: AVANÇOS E PERSPECTIVAS.

Devido ao árduo engajamento dos movimentos negros e intelectuais negros as a questão racial é incluída após muita luta e atuação do movimento negro como prioridade na pauta das políticas públicas do Brasil e deve-se a organização e comprometimento do movimento negro a inclusão desta temática nas leis vigentes do país. Assuntos como Pluralidade Cultural abordados nos PCN e também a inclusão da Lei nº 10.639/03 modificada pela lei nº11.645/08 que institui a obrigatoriedade das Relações Étnico-raciais e do Ensino da História e Cultura Afro-brasileira, Africana e Indígena na Educação Básica.[8]

---

6 HASENBALG, 1984, p.148-149.

7 HASENBALG, 1984, p. 155.

8 BRASIL, 2003.

O movimento negro sempre participou de forma ativa das reflexões acerca do racismo brasileiro, Observa-se que pela história de atuação do movimento negro a aprovação da Lei 10639/03 é como uma grande vitória conquista que tem como finalidade a alteração na configuração de novas referências negras ressaltando a matriz africana e afro-brasileira como parte integrante da construção e desenvolvimento nacional.

Compreendemos que as crianças possuem direitos à educação assegurados pelo estatuto da criança e do adolescente, Lei nº 8.069, de 13 de julho de 1990 e listado também na Lei de Diretrizes Bases da Educação Nacional, Lei nº 9394/1996. Hoje a educação é pautada no educar-cuidar palavras dissociáveis como nos resguarda a Base Nacional Curricular Nacional BNCC.

Diante de tais modificações educacionais, inclui-se a Lei de Diretrizes e Base da Educação (LDB)/96 apresenta em seu artigo 26:

> Os currículos do ensino fundamental e médio devem ter uma base nacional comum, a ser contemplada em cada sistema de ensino e estabelecimento escolar, por uma parte diversificada exigida pelas características regionais e locais da sociedade da cultura, economia e da clientela.

Este artigo 26 abordado na LDB/96 salienta que o conteúdo do currículo deve ser complementado a fim de contemplar a diversidade cultural, social e econômica brasileira. Assim o currículo fica aberto à pluralidade e as contribuições culturais das etnias da formação do povo brasileiro que são os, indígenas, africanos e europeus.

E através das lutas históricas dos movimentos negros já abordados anteriormente instaura-se no Brasil a nº lei 10.639/03 e modificada pela nº11.645/08, que modifica e inclui nos currículos escolares no espaço público e privado tornando-se obrigatório o ensino sobre a História e a Cultura Africanas, Afro-Brasileiras e indígena nos estabelecimentos de educação básica.

Diante deste momento histórico de conquistas e reafirmação de direitos direcionados a população negra a Secretaria de educação continuada, Alfabetização e diversidade SECAD\MEC assegura: "[...] essa lei é um marco histórico simboliza, simultaneamente, um ponto de chegada das lutas antirracistas no Brasil e um ponto de partida para a renovação da qualidade social da educação brasileira."[9]

---

9 Secretaria de Educação Continuada, Alfabetização e Diversidade SECAD/ MEC, p. 13.

Dialogando juntamente com a SECAD/MEC existe uma importância de se ter leis que justificam e sustentam lutas e pedagogias antirracistas, como uma forma reparação da educação, para aqueles que o direito de frequentar as escolas foi sistematicamente negado. Diante disso, quando falamos em representatividade e história negra, reconstrução positiva, que estas crianças estejam inseridas em todos os espaços, estamos reafirmando um novo paradigma de educação conquistado pela atuação do movimento negro.

A instituição de educação infantil é o primeiro contato que a criança possui que ultrapassa o nicho familiar, é ali que ela inicia sua construção identitária, suas relações pessoais e é ali que se dá os primeiros conflitos raciais, sociais, de gênero, culturais e ideológicos, segundo Roman e Steyer:

> É na escola que a criança passa a desenvolver de modo afetivo e organizado a formação do seu "eu", através de elementos diferenciadores e constituidores identidade como repressão/transgressão, descoberta/conhecimento, diferença/semelhança, norma/regra, homem/mulher, pais/professores, etc. Através da incorporação da escola ocorre uma mudança significativa dos ritmos, tempos e espaços que requer necessariamente um processo de adaptação e redefinição das experiências anteriores.[10]

Compreendendo a escola como um espaço diversificado, que possui seres variados em formação e entendendo seu pertencimento social e na elaboração e desenvolvimento do seu "eu" precisamos que esta instituição que não sejas neutra e auxilie na construção de novos paradigmas e na desconstrução de estereótipos excludentes e que os docentes estejam preparados para mediar estes conflitos, sejam, raciais ou sociais. Portanto, falar sobre as relações étnico raciais no espaço escolar ainda é um desafio, visto que, possuímos um corpo docente diverso, composto por seres individuais, munidos de culturas, preconceitos e ainda muito comprometidos com a idealização de que não se existe tensões raciais no campo da educação infantil, Segundo Cavalleiro:

> Um olhar superficial sobre o cotidiano escolar dá margem à compreensão de uma relação harmoniosa entre adultos e crianças; negros e brancos. Entretanto, esse aspecto positivo torna-se contraditório à medida que não são encontrados no espaço de convivência das crianças cartazes, fotos ou livros infantis que expressem a existência de crianças não brancas na sociedade brasileira.[11]

---

10 ROMAN; STEYER, 2001, p. 103.

11 CAVALLEIRO, 2000, p. 145.

Entendendo que ainda exista um olhar superficial da escola perante as tensões raciais, tendo como um falso espaço harmonioso, que na realidade ainda é excludente em suas práticas pedagógicas, quando o assunto é as relações raciais e compreendendo uma educação antirracista aliado a formação docente deve ser um componente para suprir essas lacunas, carecemos de profissionais empenhados em desenvolver um trabalho para construção positivada de crianças negras, que essas estejam inclusas.

O que podemos dizer é que estes profissionais da educação devem estar atentos quando se diz a respeito das relações raciais, estamos comprometidos na formação de crianças, negras e não-negras, precisamos compreender que para elaboração de uma educação antirracista, precisamos ser contra hegemônicos, e atentar-se nas atividades propostas, matérias de consulta e escolha dos livros. Com base nas afirmações de Cavalleiro:

> [...] certas lendas e contos tradicionais omitem a trajetória de luta do povo negro e servem mais para constranger a criança negra perante as outras do que para promover a aceitação e o respeito à diversidade".não apenas para seguir a lei, mas para construirmos um espaço em que crianças negras se enxerguem nos livros.[12]

Ao pensarmos em uma educação que contribua para a formação das crianças negras, essas crianças precisam estar representadas de forma afirmativa e em todos os espaços, muitas das vezes somente se é abordado o tema sobre as relações raciais e contribuição dos países africanos na construção do Brasil para se fazer rasamente cumprimento da lei, geralmente no mês de novembro em que se escolhe materiais estereotipados e que denigrem e diminuem as lutas e resistências das pessoas negras o que faz essas crianças não se sentirem pertenças.

A escola precisa ter parâmetros para elaboração e construção do seu acervo bibliográfico que será utilizado pelos discentes e também como material de consulta dos docentes, porém, muitas vezes, tem se silenciado perante as temáticas das relações étnico raciais, e lembrando das crianças e pessoas negras apenas em épocas festivas, posicionamento que reforça estereótipos e reforçando a supremacia hegemônica mecanismos que reforçam a subalternização do povo negro. Arboleya argumenta:

---

12 CAVALLEIRO, 2001, p. 154.

A problemática desta questão reside basicamente no fato de que a escola pode se servir de um material paradidático sem se dar conta de que a forma como se conduz a reflexão após o trabalho de leitura e apreensão dos tratados essenciais da narrativa pode reforçar positiva ou negativamente os traços identitários, os valores culturais e mesmo a própria referência de beleza da criança.[13]

Deduzimos perante os materiais consultados que a literatura seja um agente transformador dos caminhos para ressignificação destas crianças, e que para construção afirmativa destes corpos negros ele precisa estar pertencido e incluído em diversos espaços, a respeito da materialidade a ser trabalhada ainda concordando com Arboleya:

No caso do Brasil, a produção literária voltada ao público infantil tem repensado esta questão, sobretudo, no que diz respeito a uma literatura nacional que valorize a figura do negro como protagonista e personagem positivo na narrativa.[14]

A história que nos foi contata transcorreu sobre ótica do colonizador em uma perspectiva eurocentrada, em que a pessoa branca fala e caracteriza o corpo negro e diante desta leitura hierarquizada e hegemônica do que é ser negro em um país colonizado, ainda possuímos materialidades errôneas a ser trabalhadas nas escolas durante anos reafirmando práticas discriminatórias, inferiorização de etnias que fogem do patrão homogêneo eurocêntrico, silenciamento epistêmico e do pensamento outro, porém, a indústria literária tem repensado sobre estas políticas de reparo que ressignifica as vivências, colaboração do negro no Brasil e como protagonista de suas histórias. Para assim, precisamos compreender a necessidade do pensamento outro, como dialoga com Oliveira e Candau:

Pensamento-outro provém do autor árabe-islâmico Abdelkebir Khatibi, que parte do princípio da possibilidade do pensamento a partir da decolonização, ou seja, a luta contra a não-existência, a existência dominada e a desumanização. É uma perspectiva semelhante à proposta pelo conceito de colonialidade do ser, uma categoria que serve como força para questionar a negação histórica da existência dos não-europeus, como os afrodescendentes e indígenas da América Latina.[15]

Concordando com as colocações de Oliveira e Candau grupos étnicos como os negros e os indígenas carregam ainda em si estigmas e estereótipos, principalmente pela cor da pele, práticas culturas marginalizadas

---

13 ARBOLEYA, 2009, p. 13.

14 ARBOLEYA, 2009. p. 1.

15 OLIVEIRA; CANDAU, 2010, p. 24.

e discriminadas pela burguesia eurocentrada e hegemônica em que o acesso à cultura, a economia, à política e à educação eram restritos.

Sendo assim, a lei n11.645/08 participa ativamente na formação/reformulação e construção afirmativa da criança negra, visto que as narrativas do seu povo estão sendo representadas no âmbito da escola, nos livros didáticos, nas histórias de seu povo e no calendário que é alterado incluindo datas comemorativas de lutas do povo negro, reafirmando uma cultura negra positiva fora da ótica do colonizador.

> É na infância, no contato com o outro, que construímos ou não a nossa autoconfiança. As experiências de racismo e da discriminação racial determinam significamente a auto-estima dos(as) adultos(as) negros(as) e somente a reelaboração de uma nova consciência é capaz de mudar o processo cruel de uma sociedade desigual que não os(as) estimula nem respeita.[16]

Para estas colocações, compreendemos que as lutas do povo negro colabora com o movimento de mudança e vem auxiliando com os novos paradigmas escolares, contribuindo com a materialidade a utilizada por vários professores de vários segmentos.

CONCLUSÃO

Consideramos a necessidade de conhecimento e a história afirmativa do povo negro em âmbito educacional, para que estas crianças se formem partindo dos seus conhecimentos e da contribuição do seu povo, mas para que isso possa acontecer, faz-se necessário que a escola se posicione cada vez mais antirracistas, trazendo em pauta os reis e rainhas Africanos, as contribuições dos grandes nomes de autoras e autores negros para a história do nosso Brasil.

Esse estudo tem como finalidade trazer o movimento negro pós 1988 como uma trajetória de lutas, resistências e educação, para que consigamos aprender com a militância o quanto foi apagado as nossas histórias como plano governamental de branqueamento da população brasileira. Com base em dados sócio-históricos salientamos a necessidade e a urgência de se termos uma escola e uma pedagogia que trabalhe e compreenda o antirracismo.

---

16 BRASIL, 2006, p. 222.

REFERÊNCIAS

ARBOLEYA, V. J. *Questões de literatura infantil e afrodescendência: o poder de ação do personagem negro nas áreas de decisão da narrativa.* Revista África e Africanidades. Ano I, n. 4, fev. 2009.

BRASIL, Lei n. *10.639* – 09 de janeiro de 2003. Brasília: Ministério da Educação, 2003.

BRASIL, *Diretrizes curriculares nacionais para a educação das relações étnico-raciais e para o ensino de História e Cultura Afrobrasileira e Africana.* Brasília: MEC, 2004.

BRASIL. Comitê Nacional de Educação em Direitos Humanos. *Plano Nacional de Educação em Direitos Humanos.* Brasília: Secretaria Especial dos Direitos Humanos, Ministério da Educação, Ministério da Justiça, UNESCO, 2006.

CARDOSO, M. *O movimento negro.* Belo Horizonte: Mazza Edições, 2002.

CARNEIRO, S. Prefácio. *In:* HENRIQUES, R. *Raça e cor nos sistemas de ensino.* Brasília: Unesco, 2002. p. 7-10.

CAVALLEIRO, Eliane (Org.). Racismo e anti-racismo na educação: Repensando nossa escola. São Paulo: Summus, 2001b, p. 141 -160

CRUZ, M. S. Uma abordagem sobre a história da educação dos negros. *In:* ROMÃO, J. (Org.). *História da educação dos negros e outras histórias.* Brasília: MEC; Secad, 2005. p. 21-33.

DIAS, L.R. Quantos passos já foram dados? A questão de raça nas leis educacionais – da LDB de 1961 à Lei 10.639, de 2003. *In:* ROMÃO, J. (Org.). *História da educação dos negros e outras histórias.* Brasília: MEC; Secad, 2005. p. 49-62.

DOMINGUES, Petrônio. *Movimento negro brasileiro: alguns apontamentos históricos.* Tempo, Niterói, v. 12, n. 23, p. 100-122, 2007 .

GOMES, N.L. Limites e possibilidades da implementação da Lei 10.639/03 no contexto das políticas públicas em educação. In: PAULA, M. HERINGER, R. (Org.). *Caminhos convergentes*: estado e sociedade na superação das desigualdades raciais no Brasil. Rio de Janeiro: H. B. Stiftung, 2009. p. 39-74.

GOMES, N.L. O movimento negro no Brasil: ausências, emergências e a produção dos saberes. *Política & Sociedade*, Florianópolis, v. 10, n. 18, p. 133-154, abr. 2011.

GONÇALVES, L.A.O. Pensar a educação, pensar o racismo no Brasil. *In:* FONSECA, M.V.; SILVA, C. M. N.; FERNANDES, A.B. (Org.). Relações étnico-raciais e educação no Brasil. Belo Horizonte: Mazza Edições, 2011. p. 93-144.

GONÇALVES, L.A.O.; SILVA, P.B.G. Movimento negro e educação. *Revista Brasileira de Educação*, São Paulo, n. 15, p. 134-158, set./dez. 2000.

HASENBALG, C. A. Comentários Raça, cultura e classe na integração das sociedades. *DADOS*: Revista de Ciências Sociais, Rio de Janeiro,v. 27, n.3, p. 148-149, 1984.

HERINGER, R. (Org.). *Caminhos convergentes*: Estado e sociedade na superação das desigualdades raciais no Brasil. Rio de Janeiro: Heinrich Böll Sti" ung; Action Aid, 2009. p. 39-74.

OLIVEIRA, L. F. & CANDAU, V. M. F. *Pedagogia Decolonial e Educação Antirracista e Intercultural no Brasil*. In. Educação em Revista. Belo Horizonte, v. 26, nº 01, p. 15-40, abr. 2010.

SANTOS, Sônia Querino dos Santos; MACHADO, Vera Lúcia de Carvalho. *Políticas públicas educacionais: antigas reivindicações, conquistas (Lei 10.639) e novos desafios. Ensaio: Avaliação de Política Públicas Educacionais*, Rio de Janeiro/RJ, n. 58, Jan/Mar 2008

Secretaria de Educação Continuada, Alfabetização e Diversidade SECAD/MEC, p. 13.

SILVA, A.C. *A discriminação do negro no livro didático*. Salvador: Ceao; CED, 1995.

A LEITURA DE LIVROS LITERÁRIOS AFRO-BRASILEIROS NOS ANOS INICIAIS

Santuza Amorim da Silva[1]
Marlene do Carmo Meirelles[2]

PREÂMBULO

Este texto refere-se aos resultados de pesquisas[3] realizadas nos últimos anos em torno da abordagem da questão étnico-racial e da literatura infantil e juvenil. Destarte, este texto dialoga com as reflexões elaboradas nesses últimos anos, em seminários, congressos e publicações resultantes desses estudos.

A Lei n.10.639/2003,[4] em vigor desde 2003, propicia importantes discussões acerca da promoção das relações étnico-raciais nas práticas pedagógicas e ainda propõe diretrizes curriculares para o estudo da História e Cultura Afro-Brasileira e Africana, nas escolas oficiais e particulares do Brasil. Esta Lei altera a Lei de Diretrizes e Bases da Educação, de 1996, a fim de promover o reconhecimento e a valorização da diversidade racial, tornando obrigatório o ensino da História da África e dos africanos e da cultura afro-brasileira, nas escolas de ensino fundamental e médio.

---

1 Professora do Curso de Graduação em Pedagogia e do Mestrado em Educação FAE/UEMG

2 Mestre em Educação, professora da Rede Municipal de Belo Horizonte

3 As pesquisas adotaram a abordagem qualitativa e, em diferentes momentos, foram utilizados os seguintes instrumentos para coleta de dados: pesquisa bibliográfica, questionário, entrevistas, observação e pesquisas.

4 Em 10 de março de 2008 foi sancionada a Lei n. 11.645/2008, para incluir no currículo oficial da rede de ensino a obrigatoriedade também da temática Indígena.

Esta alteração foi regulamentada com a aprovação do parecer nº. 03/2004 do Conselho Nacional de Educação, que estabeleceu Diretrizes Curriculares Nacionais para a Educação das Relações Étnico-Raciais e para o Ensino de História e Cultura Afro-Brasileira e Africana e da Resolução n. 1, de 17 de junho de 2004. O Parecer CNE/CP n. 03, de 10 de março de 2004, recomendou temáticas a serem incluídas e também as necessárias modificações nos currículos escolares.

A Lei n.10.639/2003 deixa nítida a obrigatoriedade do ensino da temática História e Cultura Afro-Brasileira no âmbito de todo o currículo escolar e sugere as áreas de História, Literatura e Arte como áreas especialmente adequadas para a inclusão desse conteúdo. Em decorrência desta legislação, as escolas começaram a incorporar a temática em suas práticas pedagógicas em todas estas áreas, contando para isso, com ações importantes dos órgãos governamentais.

Assim sendo, entre as áreas eleitas e as ações apontadas para se dar cumprimento à Lei n. 10.639/03, interessam-nos, neste trabalho, principalmente as que dizem respeito à literatura. Nesse âmbito, cabe destacar importante política para o incentivo ao trabalho com essa temática, desenvolvida principalmente, pelo Ministério da Educação: o Programa Nacional de Biblioteca Escolar, destinado a atender professores e estudantes da educação infantil, ensino fundamental e médio e também da Educação de Jovens e Adultos (EJA). A partir de 2009 este programa incluiu obras de referência relacionadas à temática da diversidade, inclusão e cidadania, com o objetivo de dotar as bibliotecas das escolas públicas do país.[5]

---

5 MINISTÉRIO DA EDUCAÇÃO: Programa Nacional Biblioteca da Escola – PNBE Temático. Disponível em: http://portal.mec.gov.br/par/194-secretarias-112877938/secad-educacao-continuada-223369541/18722-programa-nacional-biblioteca-da-escola-pnbe-tematico. Acesso em: 27 ago. 2021.

A LITERATURA AFRO-BRASILEIRA COMO INSTRUMENTO NA FORMAÇÃO DE LEITORES NA PERSPECTIVA DE UMA EDUCAÇÃO ANTIRRACISTA

Com a aprovação da Lei 10.639/03 e das Diretrizes Curriculares Nacionais, propõe-se a substituição do discurso que postulava a existência de uma cultura brasileira mestiça por uma proposta de desenvolver, sobretudo no campo da educação, políticas de reparação e de ação afirmativa em relação às populações negras.

Por conseguinte, as escolas e os professores se veem desafiados a incluir nos *currículos praticados,*[6] uma nova leitura sobre o lugar da África na história da humanidade ao invés do silenciamento historiográfico e apresentar o verdadeiro papel dos afro-brasileiros na constituição do Brasil, dissociados da visão estigmatizada que sempre foi difundida no meio escolar.

Com isso, torna-se necessário rever concepções e visões estereotipadas arraigadas e cristalizadas no pensamento social brasileiro, marcadas pelo falso mito da democracia racial. Exigem-se novas reflexões e posturas teórico-metodológicas sobre a África, o negro brasileiro e suas histórias. Trata-se de desafios teóricos, práticos e epistemológicos no campo da educação escolar, sobretudo, na orientação e na produção do material didático distribuído nas escolas de educação básica do país.[7]

De modo mais específico, no caso do objeto aqui em discussão, estudos que se ocuparam de analisar as obras literárias que circulavam na educação infantil e nos anos iniciais da educação básica, constataram que a literatura infanto-juvenil veiculada nos meios educacionais estava impregnada de preconceitos, em que o negro aparece como um indivíduo caricaturado e inferiorizado em relação aos personagens brancos.

Tais estudos[8] detectaram em várias obras a presença de posições ambíguas e paternalistas e em outras, atitudes claramente racistas, o que acentua a discriminação e o preconceito racial no ambiente escolar e na sociedade. A maioria dos protagonistas que aparecem nos textos são

---

6 OLIVEIRA, 2013.

7 SILVA; PRAXEDES, 2013.

8 Ver:DEBUS, 2006; GOUVÊA, 2005.

representados por personagens com características fenotípicas brancas, enquanto o personagem negro, quando aparece, assume características estereotipadas e vinculados a temas como sofrimento e/ou miséria. Além disso, as ilustrações não são atraentes e, por via de regra, pouco cativam as crianças, o que acaba por reforçar a ideia de que aquela situação está reservada à criança negra.

Há uma dimensão pedagógica na Literatura Infanto-juvenil que se evidencia pelo modo como as representações – de negros e brancos – vão sendo apresentadas às crianças nas obras em questão. Tradicionalmente, este modo de representação esteve empenhado na construção de uma identidade étnico-racial negra depreciada. Não obstante, a literatura desponta como uma poderosa ferramenta para o trabalho pedagógico a fim de abordar aspectos da cultura africana e afro-brasileira, além de questões ligadas à identidade racial. E, para isso, observa-se um aumento significativo da produção e divulgação de uma literatura com este foco, que, até pouco tempo, estiveram ausentes desse contexto cultural.

A Literatura infanto-juvenil, após a lei 10.639, faz parte de uma agenda política que pretende minorar as injustiças raciais por meio da cultura. A representação do personagem negro vem sendo alterada e passa a ocupar papéis nos livros que anteriormente não ocupava. Com o passar do tempo, o mercado de livros infantis cresceu e hoje é possível identificar o aumento gradual de editores que lançam uma infinidade de livros que enfatizam temáticas relacionadas às relações étnico-raciais, à pluralidade cultural, questões de gênero, inclusão dentre outras. As obras revelam que os autores desses livros tematizam as relações raciais, dão visibilidade ao racismo, criam e recontam uma nova história da África, dos africanos e dos afro-brasileiros. Silva e Freitas indicam que as obras atuais apresentam proposições sobre:

> [...] o herói negro, elementos da cultura africana e afro-brasileira, religiosidade africana, além de temas que envolvem o preconceito e o racismo, cuja preocupação maior é a tentativa de romper com o modelo anterior, ou seja, de depreciação e inferiorizarão do negro.[9]

Uma pesquisa[10] realizada no município de Belo Horizonte, em que aplicamos um questionário em 21 escolas municipais e 18 escolas da

---

9 SILVA; FREITAS, 2016, p. 318.

10 Pesquisas relacionadas aos projetos Literatura e diversidade: o contexto das práticas; De leitor para leitor: letramento literário, diversidade e relações etnicorraciais no 2º Ciclo de formação do Ensino Fundamental e uma dissertação de mestrado.

rede estadual, para profissionais que atuavam em diferentes funções como professores, bibliotecários e coordenadores, totalizando 171 respondentes, em um dos itens sobre os títulos mais utilizados nas escolas, surgiram 97 títulos representantes desta nova produção mencionada acima. Entretanto, alguns títulos ganharam destaque por serem mencionados várias vezes nas indicações:

Tabela 1 – Títulos mais utizados em escolas públicas de Belo Horizonte

TÍTULOS	VEZES CITADOS
Menina bonita do laço de fita	23
A bonequinha preta	13
As tranças de Bintou	12
O cabelo de Lelê	08
Bruna e a galinha d'Angola	08
O menino Nito	07
Meninas negras	06

Fonte: Elaborado pelas autoras.

Nestas obras, nota-se que aspectos físicos como o cabelo e a cor da pele, elementos importantes e que trazem a marca da ancestralidade africana, são enaltecidos. Os personagens são belos, comparados a princesas, os cabelos são destacados de maneira positiva de modo a produzir efeitos positivos em seus leitores.

O TRABALHO COM A LITERATURA AFRO-BRASILEIRA EM UMA TURMA DE 3º ANO DA ESCOLA ESTADUAL JARDIM LEBLON

A título de contextualização, cabe fazer breves considerações sobre alguns aspectos da política de implementação da Lei n. 10.639/03 na Rede Estadual de Minas Gerais. Os dados identificados sobre esta rede, indicaram algumas ações com o objetivo de promover a discussão sobre as questões étnico-raciais e a implementação da Lei 10639/03 nas escolas estaduais. Inicialmente, destaca-se o Projeto de Valorização da Cultura Africana, momento em que foram realizados seminários nas várias regionais do Estado com o objetivo de conhecer a legislação que trata da temática étnico-racial e discutir como o trabalho deveria ser desenvolvido nas escolas estaduais mineiras. Em 2006, sob a coordenação da professora Rosa Margarida de Carvalho Rocha, foi implantado na rede estadual de Minas Gerais, o Projeto Pró-Afro, que tinha como objetivo promover a implementação da Lei 10639/03, nas escolas estaduais. A partir do fórum estadual do Pró-Afro foram criados fóruns regionais permanentes, em algumas cidades do interior, como o de Juiz de Fora, Ituiutaba e Uberlândia, que ainda funcionam com representantes dos movimentos sociais e das universidades.

Na ocasião, a professora Rosa Margarida, ao ser entrevistada, revelou que o estado de Minas Gerais ainda não havia conseguido articular uma política efetiva e sistemática para a implementação da Lei n. 10.639/03 nas escolas, principalmente para subsidiar os/as docentes no trato da temática na prática pedagógica. De acordo com a professora Rosa, o que ela ainda observava é que alguns professores militantes ou sensíveis à causa, que já tiveram formação nesta temática ou que trabalham em outras redes, fazem um trabalho pontual, muitas vezes fragmentado, através de projetos ou na Semana da Consciência Negra.

Posteriormente, acompanhamos por meio de visitas ao *site* de educação do governo de Minas Gerais, que a partir de 2015, alguns esforços que a Secretaria Estadual de Educação vem impetrando para implantar no Estado as Diretrizes Curriculares Nacionais para a Educação das Relações Étnico-Raciais e para o Ensino da História e Cultura Afro-Brasileira e Africana. Uma das principais ações foi a elaboração do projeto Afroconsciência, que tem como objetivo promover a educação para as relações étnico-raciais nas escolas da rede pública do estado. Este projeto faz parte da Campanha Afroconsciênciae define ações com o objetivo de subsidiar o trabalho nas escolas estaduais. Entre as ações estruturadas pelo projeto está a criação da Comissão Estadual para Educação para as Relações Étnico-Raciais, órgão técnico vinculado à Secretaria de Educação, de natureza consultiva e propositiva, que tem como objetivo elaborar, acompanhar e avaliar políticas públicas educacionais voltadas para o cumprimento da Lei nº 10.639/2003;[11] promover formação para professores, técnicos e gestores; incentivar a utilização de materiais didáticos que tratam da temática das relações

---

[11] Ver https://www2.educacao.mg.gov.br/component/gmg/page/16939-campanha-afroconsciencia Acessso em 21 dez 2021.

étnico-raciais; implementar políticas de materiais didáticos e paradidáticos e o monitoramento das ações desenvolvidas pelas escolas.[12]

Na perspectiva da política da materialidade, a Secretaria Estadual de Educação de Minas Gerais (SEEMG) publicou no dia 21 de novembro de 2015, a chamada pública 01/2015 que tem como objetivo selecionar obras literárias que abordem a temática da diversidade a fim de elaborar um catálogo que será encaminhado às escolas para consulta e aquisição das obras literárias destinadas à revitalização das bibliotecas. O catálogo intitulado: *Catálogo Literário Autorias da Diversidade* é composto por obras pedagógicas de referência destinadas à formação e atuação de mediação de leitura e obras pedagógicas de referência acerca da temática da gestão democrática participativa.[13]

Com o intuito de conhecer melhor este trabalho no âmbito da rede estadual, começamos a buscar informações sobre escolas que estavam desenvolvendo algum trabalho em relação à Lei n. 10.639/03 e que estivessem desenvolvendo trabalhos com a literatura. Não obstante, apesar de vários contatos com as direções e supervisões das escolas, foi um pouco difícil obter uma resposta afirmativa quanto a algum trabalho em desenvolvimento com a Literatura afro-brasileira. Após alguns meses de procura, encontramos uma professora que havia trabalhado em uma escola estadual, onde, segundo ela, a implementação da Lei n. 10.639/03 estava sendo realizada desde o ano de 2007. Com a sua ajuda, conseguimos agendar uma visita à escola, que fica localizada no bairro Jardim Leblon, na região de Venda Nova.

A Escola Estadual Jardim Leblon,[14]foi fundada no ano de 2003 e tem como entidade mantenedora a Secretaria Estadual de Educação de Minas Gerais. Seu funcionamento está autorizado pela Portaria n. 930/2003 e Decreto 43518/2003. Encontra-se subordinada à supervisão pedagógica e administrativa da Subsecretaria Metropolitana C.

---

12 Disponível em: www.educação.mg.gov.br Esta comissão foi incorporada ao CONEPIR (Conselho Estadual de Promoção da Igualdade Racial).Ver: https://social.mg.gov.br/direitos-humanos/conselhos-e-comites/conselhos/conselho-estadual-de-promocao-da-igualdade-racial-conepir - Acesso em 14 set.2021.

13 Disponível em: http://jornal.iof.mg.gov.br/xmlui/handle/123456789/168938 - Acesso em 14 set.2021.

14 Nome fictício

A escola atende ao Ensino Fundamental com duração de nove anos,[15] estruturados em quatro ciclos de escolaridade e o atendimento é feito nos três turnos: Ciclo Intermediário, no horário matutino; Ciclo de Alfabetização e Ciclo Complementar, no horário vespertino; Ensino Médio e EJA, no horário noturno. A direção escolar é exercida por um diretor geral e vice-diretores para cada turno de funcionamento da escola. A equipe conta também com um supervisor pedagógico para cada turno.

No Projeto Político-Pedagógico foram identificados três eixos norteadores das ações pedagógicas da escola: os *eixos éticos, políticos* e *estéticos*. Sendo que suas características são:

- o*eixo ético* se refere aos princípios de justiça, liberdade, autonomia, respeito e equidade;
- o*eixo político* diz respeito ao reconhecimento dos direitos e deveres do cidadão, o respeito à diversidade, aos bens comuns e aos recursos ambientais;
- o*eixo estético* busca o equilíbrio entre a racionalidade e a sensibilidade, o enriquecimento das formas de expressão e a valorização das diferentes manifestações culturais e da construção de identidades plurais e solidárias.

De acordo com estes eixos, percebe-se a preocupação com a formação integral dos alunos, no entanto, o texto não esclarece como se dará a prática pedagógica a fim de contemplá-los. Todos os eixos nos dão pistas de que a escola fez opção para o trabalho com educação para a equidade, porém, constata-se que as ações não estão bem definidas para a sua concretização. Nesta perspectiva, Gomes, nos alerta:

> É sabido que as Diretrizes apontam para um tipo ideal de práticas – aquelas cuja realização demonstra a excelência de um trabalho de educação das relações étnico-raciais. Nesse sentido, a conceituação de práticas pedagógicas na perspectiva da Lei n.º 10.639/03 apontada pelas Diretrizes orienta para a realização de ações, atividades, projetos, programas, avaliação, posturas pedagógicas avançadas e emancipatórias, que deveriam acontecer nas escolas.[16]

Nesta escola ocorria o projeto Consciência Negra Pró-Afro que partiu de um diagnóstico realizado por meio de questionários aplicados à comunidade escolar – pais, alunos, professores e funcionários –, e

---

15 Conforme Resolução SEE/MG 2197.

16 GOMES, 2012, p.32.

contemplou questões do currículo escolar e dos programas de ensino, além de atividades e rituais pedagógicos que envolvem relações no ambiente escolar: professores/alunos, professores/famílias, direção/famílias, direção/professores, e dos alunos entre si. O questionário contemplou também questões relacionadas ao acervo literário e materiais didáticos e pedagógicos que possibilitam o trabalho com as relações étnico-raciais na escola.

A coordenadora do projeto diz que, inicialmente, procurou chamar a atenção para as estatísticas sobre a situação dos negros no Brasil, organizando gráficos sobre empregos, acesso à escola, salários, criminalidade e ascensão social. Lembra que os dados causaram impactos, mas não foram suficientes para sensibilizar os professores e a comunidade escolar para a necessidade de se discutir a discriminação e o preconceito sofrido pelos negros Então, organizou murais nos quais mostravam o contrário: personalidades negras que se destacam na política, na música, na literatura, nos esportes, nas artes. Começou a partir da exposição do mural, atividades envolvendo relatos de vida, contação de histórias, músicas, danças, sempre buscando valorizar a cultura afro-brasileira presente no cotidiano dos alunos e de suas famílias. Em parceria com um salão de beleza do bairro, promoveu um concurso de tranças envolvendo alunos, famílias e professores com o objetivo de chamar a atenção para a beleza do cabelo afro. Dessa maneira, de acordo com a coordenadora do projeto, conseguiram envolver a comunidade escolar, os professores e alunos no planejamento coletivo do projeto, que é trabalhado desde então em todas as disciplinas escolares.

No que se refere ao trabalho da biblioteca escolar, uma das instâncias responsáveis pela formação do leitor no âmbito da escola, os objetivos principais determinados pelo Projeto Político Pedagógico (PPP), são: apoiar as atividades culturais propostas pela equipe pedagógica, fornecer aporte literário e cultural, desenvolver atividades que efetivamente possibilitem o estabelecimento do hábito da leitura nos alunos, promover oficinas literárias, concursos e atividades lúdico-educativas.

Considerando a temática aqui em foco, cabe deter um pouco sobre este espaço, visto a sua importância para o desenvolvimento das práticas de leitura no âmbito escolar.

Nesta escola, a biblioteca fica localizada no segundo pavimento, sendo ele um espaço pequeno, mal iluminado e nada atrativo para o leitor. As prateleiras ficam muito próximas umas das outras dificultando a circulação, não há móveis para que o leitor possa se instalar e ler confortavelmente no espaço da biblioteca. Os livros literários têm pouca visibilidade devido aos didáticos que também estão colocados nas prateleiras da biblioteca. A impressão que se tem é de que a biblioteca é um espaço destinado ao depósito de livros didáticos e outros materiais como jogos pedagógicos, maquetes e cartazes.

Em nossa observação constatamos que a professora que ocupa o cargo de "Professor de Uso de Biblioteca", é frequentemente solicitada para substituir professores faltosos, desenvolvendo, portanto, atividades relacionadas às disciplinas escolares que estes docentes lecionam. Durante o período da observação, não presenciamos nenhuma atividade específica do cargo, nem mesmo o empréstimo literário aos alunos, que de acordo com as normas internas de funcionamento da biblioteca tem uma periodicidade mensal. Sendo assim, os alunos ficam um mês com o mesmo livro quando o empréstimo é efetivado. Na entrevista realizada com a professora para o uso da biblioteca, nos foram relatadas as dificuldades enfrentadas por ela no desenvolvimento de suas funções.

Questionada sobre o acervo do Programa Nacional Biblioteca da Escola (PNBE) temático, a entrevistada disse não ter conhecimento de que as obras chegaram à escola. Segundo ela, os materiais literários são recebidos pela supervisora, que os analisa levando em conta como poderão ser utilizados pelas professoras e os repassa à biblioteca para o registro. Quanto ao seu conhecimento sobre as obras que tratam da temática étnico-racial, este se restringe àquelas que são mais utilizadas pelas professoras para o trabalho em sala de aula. As obras não possuem identificação específica e se encontram incluídas no acervo geral da biblioteca, isto é, não se encontram destacadas do acervo. No entanto, a professora considera que estas obras são muito importantes para se trabalhar o preconceito na escola. Na sua avaliação, o preconceito acontece todos os dias na escola, principalmente entre os alunos. Ela nos conta que, geralmente, nestes casos, é feita uma intervenção da supervisora, mas falta um trabalho contínuo, que faça parte do planejamento anual da escola.

Diante deste quadro, podemos inferir que a organização do trabalho na biblioteca da Escola Estadual Jardim Leblon não cumpre o seu papel para a formação do leitor, e tampouco, no que concerne à perspectiva desse trabalho, que, sob o prisma de uma educação antirracista, pressupõe uma formação crítica e reflexiva, sobre as questões que abordam o racismo e o preconceito racial na sociedade e na escola.

ALITERATURA AFRO-BRASILEIRA: A PRÁTICA NA SALA DE AULA

A prática literária com a Literatura afro-brasileira aqui descrita foi realizada no mês de novembro, como parte do Projeto Consciência Negra, que estava sendo desenvolvido por todas as turmas do segundo turno, da E. E. Jardim Leblon. A observação se deu em uma turma de 3º ano, do ensino fundamental, que a partir dos dados coletados percebemos, dentre outras observações, um grande desconhecimento das obras literárias que compõem o acervo do Programa Nacional de Biblioteca Escolar (PNBE) Temático e que poderiam ser utilizadas para subsidiar o trabalho com os conteúdos da História da África e da Cultura Afro-Brasileira.

A turma do 3º ano é composta por 25 alunos, dos quais 24 se reconhecem enquanto negros, conforme a professora. Os alunos são tranquilos, disciplinados e respondem bem à rotina orientada pela professora. Ainda, segundo a docente, somente um aluno apresentou dificuldades de socialização, que ela atribui ao seu pertencimento racial. Esse aluno é o único da sala que se considera branco e de acordo com a professora, ele tinha muita dificuldade de aceitar os colegas negros, situação que vem se atenuando devido ao trabalho com a diversidade que ela desenvolve em sala. No período de observação, não presenciamos nenhuma atitude discriminatória por parte do garoto ou dos colegas para com ele.

A professora Lagbara[17] é uma mulher negra, que demonstra ter muito orgulho de seu pertencimento étnico-racial, e tem formação em Pedagogia, Psicopedagogia e Criminologia. Participa de vários projetos de voluntariado junto à escola e ao juizado de menores, se mostra engajada na luta pela implementação da Lei n. 10.639/03 na escola, participou da formação de professores multiplicadores, oferecido pela Secretaria Estadual de Educação e se empenhou em elaborar o projeto para o trabalho com as relações étnico-raciais na escola: Projeto Consciência Negra: Pró-Afro, apresentado anteriormente. Lagbara acredita que somente envolvendo todos os profissionais da escola e também a comunidade escolar, a Lei n. 10.639/03 se tornará uma realidade nas escolas públicas brasileiras.

---

17 A identidade da professora foi preservada, em respeito à ética na pesquisa. A palavra Lagbara (forte), de origem Yorubá foi escolhida devido a esta característica marcante da professora.

Por ser a professora regente, leciona todas as disciplinas, exceto Educação Física. Sendo assim, é responsável pelo trabalho com a literatura infantil, com o qual parece não se entusiasmar muito. Seu conhecimento das obras com a temática da diversidade racial é mínimo, embora já tenha trabalhado na biblioteca da escola. Os livros literários que seleciona para trabalhar são sempre os mesmos de outros anos e as atividades também se repetem. O livro *Menina bonita do laço de fita*,[18] por exemplo, é sempre trabalhado por ela e por outras professoras da escola nos últimos anos. As matrizes das atividades a serem desenvolvidas são compartilhadas entre as professoras do ciclo de alfabetização e, portanto, possivelmente já foram realizadas pelos alunos no ano anterior. Essa prática nos mostra que a literatura não desempenha um papel de valor no currículo escolar, não sendo dado a ela o cuidado necessário no planejamento pedagógico. No projeto desenvolvido com o livro em questão, pudemos observar a falta de um planejamento apropriado para o trabalho com a literatura.

PROJETO DE LITERATURA: *MENINA BONITA DO LAÇO DE FITA*

A professora Lagdara iniciou o projeto com uma atividade em que todos os alunos fizeram tranças em uma boneca de papel, que depois coloriram e recortaram para fazer um mural. Enquanto isso, as meninas da turma faziam tranças umas nas outras. A atividade parece ter sido pensada para que as alunas ficassem parecidas com a protagonista da história, na qual a mãe fazia tranças e enfeitava com fitas coloridas, mas, em nenhum momento, a professora mencionou isto ou fez referência à história durante a realização da atividade.

Após esta atividade, ela pediu que uma aluna lesse o livro para a turma. A leitura, embora fluente, não prendeu a atenção dos alunos, que continuaram colorindo a boneca de papel. Lagdara então pediu que outras crianças fossem a frente e dramatizassem a história enquanto a aluna fazia a releitura. Essa segunda leitura foi prejudicada por interrupções da professora a fim de orientar as crianças que faziam a dramatização improvisada. Logo após, foi feita a interpretação oral, por outra aluna, apoiada nas imagens do livro e com a mediação da

---

18 Conforme vimos anteriormente, este livro está entre um dos mais citados para o trabalho com a temática étnico racial em sala de aula

professora. A interpretação não levou em conta as particularidades do texto ou as possíveis leituras da obra, constou de uma interpretação linear dos fatos, dos acontecimentos da história, não possibilitando também a reflexão sobre as questões étnico-raciais envolvidas na obra.

Menina bonita do laço de fita conta a história de um coelho branco que se encanta com a cor da pele da menina que mora na casa ao lado da sua. A história acontece no diálogo constante do coelho com a menina a fim de descobrir o segredo de sua cor. O clímax ocorre quando a mãe da menina revela ao coelho que a cor é uma característica genética, portanto, só pode ser herdada de nossos antepassados. O coelho então procura uma coelha negra para se casar e tem um filhote negro, entre os vários filhotes de diversas cores de sua ninhada. Este livro, de Ana Maria Machado, é um clássico no trabalho com as questões étnico-raciais, no entanto, precisamos refletir sobre alguns trechos do texto que podem produzir estereótipos sobre a imagem do negro. A menina, por exemplo, não possui um nome, não tem uma identidade, é apenas uma menina bonita que usa um laço de fita no cabelo. A mãe é identificada por "uma mulata linda e risonha".[19] Por que usar o termo mulata? E o que disser da avó, que cometia "artes"? Que artes seriam estas? Se relacionar com homens brancos? Ter uma filha mulata? Por que quando se refere ao único filhote negro da ninhada a autora utiliza a palavra "até"?

> Tinha coelho prá todo gosto: branco bem branco, branco meio cinza, branco malhado de preto, preto malhado de branco *até* uma coelha bem pretinha. Já se sabe afilhada da tal menina bonita que morava na casa ao lado.[20]

A palavra "até", neste contexto, é classificada como um advérbio de inclusão. Seria essa mesmo a intencionalidade do texto: incluir um coelho negro em uma ninhada com diversidade de cores? Estas questões precisam ser discutidas com os alunos, pois ficam subentendidas no texto e muitas vezes passam despercebidas em uma leitura superficial. Não pretendemos, de forma alguma, desqualificar a obra literária em questão, que possui elementos positivos e importantes para o trabalho com as relações étnico-raciais, como a valorização da negritude, evidenciada na admiração que o coelho tem pela menina negra. No entanto, consideramos que trabalhar com estas questões, além de possibilitar a reflexão sobre temas importantes referentes ao pertencimento racial e aos estereótipos que ainda estão presentes na literatura infantil,

---

19 MACHADO, Ana Maria. Menina bonita do laço de fita. São Paulo: Ática, p. 15.

20 MACHADO, 2004, p. 21.(grifo nosso)

possibilita refletir sobre os significados que a literatura incorpora em seu discurso. Entretanto, essas discussões requerem que o mediador de leitura estude a obra antes de apresentá-la aos leitores, antecipando questões que podem ser colocadas por estes. Não é possível promover a leitura crítica de uma obra sem um planejamento do trabalho a ser desenvolvido e, neste primeiro dia do projeto, observamos a necessidade de um planejamento que contemplasse uma discussão mais aprofundada da obra trabalhada.

No segundo dia do projeto, a professora Lagdara, inicialmente, propôs que os alunos colorissem a reprodução da capa do livro. A instrução foi que o colorido fosse espontâneo, porém, a menina deveria ser colorida de preto ou marrom. Não foi feita uma leitura da ilustração da capa – expressão dos personagens, cores utilizadas, recursos gráficos – ou das informações ali contidas como nome da autora, do ilustrador, da editora. A despeito disto, a maioria das crianças seguiu as orientações da professora e coloriu os personagens de marrom, inclusive o coelho que era branco. Somente dois alunos os coloriram com a cor preta.

A segunda atividade do dia foi ordenar os fatos da história numerando as cenas de acordo com a ordem em que aconteciam e fazer o reconto escrito tendo as cenas como suporte. Para o desenvolvimento desta atividade, seria interessante que fosse feita a releitura do livro, possibilitando que os alunos relembrassem a história e adquirissem condições de produção escrita. No entanto, a professora Lagdara somente entregou a folha com as cenas e orientou a atividade. Sendo assim, os textos produzidos pelas crianças ficaram presos à descrição das cenas organizadas em sequência cronológica.

No entanto, alguns alunos foram cuidadosos quanto à caracterização da menina, personagem principal da história e escreveram: "Era uma vez uma menina, o cabelo dela era preto e a cor da pele dela era preta também. Ela era bem bonitinha." "Tinha um coelho que admirava muito uma menina pela sua cor", "Era uma vez uma menina bem pretinha", "Era uma vez uma menina moreninha, linda, linda!". "O coelho perguntou pra menina como é que ela tinha essa cor tão bonita!", "O coelho ficou apaixonado com a cor da pele da menina", "Era uma vez uma menina tão pretinha que os olhos eram da cor da jabuticaba e os cabelos eram encaracolados".[21]

---

21 Trechos de textos produzidos pelos alunosdo livro *Menina bonita do laço de fita*, *portfólio* da turma de 3º ano, da Escola Estadual Jardim Leblon.

Observamos também que na cena em que a mãe conta o *segredo* da cor da menina, os pequenos escritores demonstraram que compreenderam a questão da genética. Assim, eles explicaram porque a menina era negra: "Ela puxou a mãe da minha mãe, por isso ela é negra", "É que os avôs dela eram negros." "É que os nossos antepassados eram negros, por isso somos negros: eu, ela e o pai dela", "O coelho acha que a mãe da menina está certa, porque a avó dele é branca igual à neve".[22]

Analisando os textos produzidos, podemos perceber que os alunos valorizaram o pertencimento racial da personagem e que fizeram isto com muita naturalidade. Para eles, nada mais normal do que se apaixonar pela cor da pele da menina, digna de ser admirada. O reconhecimento e valorização da cor negra pelos alunos supõem uma resposta afirmativa também ao próprio pertencimento racial. Esse fato nos leva a refletir sobre a importância de se oferecer aos alunos obras literárias em que os personagens negros estejam representados em papéis que possibilitem a afirmação identitária negra. A valorização da negritude na protagonista da história é um ponto positivo da obra *Menina bonita do laço de fita*, que não passa despercebida pelos leitores e que com certeza constitui-se como importante elemento para a afirmação identitária desses.

Essa produção textual foi apresentada pelos alunos em uma roda de leitura realizada como culminância do projeto de literatura e os textos foram arquivados em seus *portfólios*. As produções literárias dos alunos nos mostraram indícios de uma interpretação individual que extrapolou de certa forma o trabalho realizado pela professora. Assim, no intuito de ouvir essas crianças e perceber como interagiram com o livro *Menina bonita do laço de fita*, realizamos entrevistas com sete crianças da turma. As questões levantadas buscaram identificar, principalmente, o posicionamento dos entrevistados em relação ao pertencimento racial da protagonista do livro.

Pudemos observar na fala das crianças que elas perceberam que a menina não sabia a razão de ser negra, ou seja, não conhecia o seu pertencimento racial, e também conseguiram perceber na fala da mãe o elemento genético como responsável pela herança racial. Esta afirmativa se confirmou na fala de três crianças quando concordam com a autora que o coelho precisava se casar com uma coelha negra para ter filhotes negros. A personagem preferida das crianças foi a menina,

---

22 Trechos de textos produzidos pelos alunos do livro *Menina bonita do laço de fita*, *portfólio* da turma de 3º ano, da Escola Estadual Jardim Leblon.

que falaram achar bonita, no entanto, notamos, que ao observarem as ilustrações do livro as crianças se decepcionaram com a aparência da menina representada pelo ilustrador. Uma das crianças me perguntou se ela era adolescente, pois não se parecia com uma menina. Outra criança me disse que observando bem ela não era tão bonita assim.

Neste caso, segundo Camargo "[...] no diálogo entre texto e imagem ocorre uma contradição de sentidos [...]", ou seja, "[...] o texto diz uma coisa e a ilustração diz outra."[23] Em se tratando de literatura afro-brasileira, esta situação pode se tornar um obstáculo para o trabalho com as questões étnico-raciais, pois os estereótipos podem não estar presentes no texto, mas sim nas imagens, que também são lidas pelo leitor infantil, e talvez até com mais atenção e cuidado.

Ao perguntar se gostaram da história, ouvimos duas respostas que nos surpreenderam: "Gostei porque tem pessoas que '*zoam*' as pessoas negras e o coelho fez diferente, ele quis ser igual a menina", "Sim porque foi bem legal da parte do coelho querer ter uma filha negra porque a maioria das pessoas não querem ter uma filha bem negrinha." Estas duas respostas nos mostraram que as crianças têm consciência da discriminação e do preconceito enfrentados pelos negros em nossa sociedade e percebem que o livro rompe com este comportamento perverso. E, embora estes elementos, não tenham sido trabalhados pela professora, não passaram despercebidos pelos alunos.

O que nos leva a interrogar sobre a formação de professores para trabalhar com a temática racial na escola, ao não conseguir explorar e discutir os importantes e significativos elementos que tal história proporciona na perspectiva do desenvolvimento de um trabalho que se ocupe da abordagem dessas questões na sala de aula. Por outro, lado, as interpretações dos alunos, nos permitem apontar, novamente, a importância da literatura infantil como ferramenta para reflexão sobre temas importantes para a educação das relações étnico-raciais, bem como a discriminação e o preconceito.

---

23 CAMARGO; 2014, p. 143

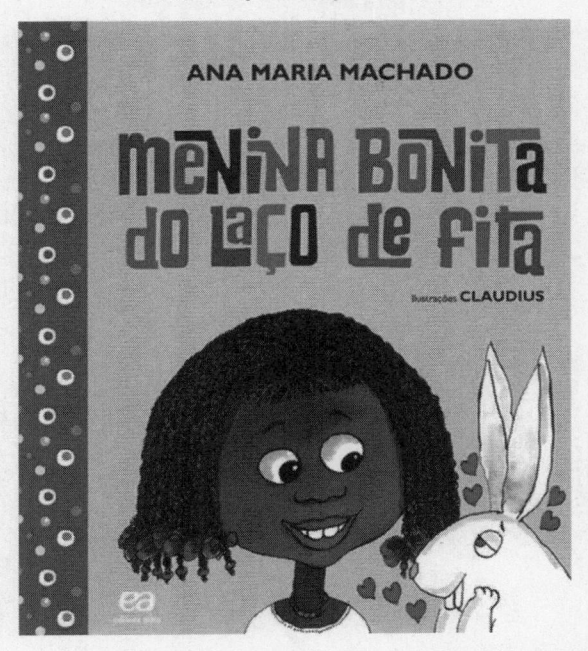

Nos outros dias de observação do trabalho da professora Lagdara verificamos o desenvolvimento das mesmas atividades descritas, desta vez com o livro *As tranças de Bintou,* de Sylviane A. Diouf.[24] A obra literária narra a história de Bintou, uma garota africana que sonha ter tranças no cabelo no lugar dos simples birotes que sua mãe carinhosamente lhe faz. A narrativa leva o leitor a conhecer rituais africanos como a festa de apresentação de recém-nascidos à comunidade e os significados socioculturais dos penteados femininos. A protagonista Bintou não consegue realizar seu sonho, pois não tem idade para usar tranças, mas se torna a heroína da história ao salvar dois meninos de um afogamento e ganha como prêmio um lindo penteado com adornos de pássaros, do qual gosta muito. Sousa (2006, p.11) caracteriza com muita pertinência a obra em questão: "A obra traz uma grande contribuição para a diversidade da estética afro, o respeito ressaltando como

---

[24] DIOUF, 2004.

valor fundamental para culturas africanas, a importância de rituais, o olhar e o fazer feminino para as relações pessoais e interpessoais."[25]

Como se vê, encontram-se presentes no livro *As tranças de Bintou* diversos elementos culturais que podem ser desenvolvidos durante o trabalho literário, mas que infelizmente, não foram observados no trabalho da professora. As atividades por ela desenvolvidas, com a literatura, restringiram-se à leitura do livro, interpretação oral tendo como suporte as ilustrações, resumo ou reconto da história e ilustração ou colorido de trechos do texto.

Figura 2 – Capa do livro *As tranças de Bintou*, **da autora Sylviane A. Diouf, com tradução de Charles Cosac, publicado pela Cosac Naify**

Fonte: BLOG EDUCAÇÃO E TRANSFORMAÇÃO. Plano de aula: As tranças de Bintou. 16 nov. 2018. Disponível em: https://educacaoetransformacaooficial.blogspot.com/2018/11/sequencia-didatica-as-trancas-de-bintou.html. Acesso em: 27 ago. 2021.

---

25 http://www.letras.ufmg.br/literafro/artigos/artigos-teorico-criticos/51-andreia-lisboa-de-sousa-representacao-afro-brasileira-em-livros-paradidaticos, 2006.

ALGUMAS CONSIDERAÇÕES

Apesar de reconhecidas as possibilidades do uso da literatura no ambiente escolar como um excelente subsídio para o trato das questões étnico raciais, nota-se que para que isso ocorra de forma efetiva, outras ações devem ser empreendidas. Uma delas e, certamente, a mais importante, é que a rede de ensino possua uma política consistente para a implementação da Lei n. 10.639/03. Assim, a dotação de materiais didáticos apropriados e a formação continuada de professores, são ações já reconhecidas como facilitadoras de práticas exitosas para o desenvolvimento dessa temática. A exemplo disso, a professora Lagbara, declara que após participar de uma formação, ainda que breve, se sentiu motivada a propor e coordenar o Projeto Consciência Negra.

De acordo com nossas observações, vimos que a professora Lagdara trabalha as questões étnico-raciais com enfoque na aceitação da identidade negra e na luta contra o preconceito, por meio de conversas com os alunos e, principalmente da dinâmica em que organiza as atividades em sala, que privilegia a cooperação, a solidariedade e o respeito entre os estudantes. No entanto, quanto ao trabalho com a literatura afro-brasileira vê-se que faltou conhecimento sobre como aproveitar os elementos que esta oferece para a discussão acerca das relações étnico-raciais e dos conteúdos referentes à História da África e da Cultura Afro-Brasileira, como determina a Lei n. 10.639/03. Além disso, observamos que há um desconhecimento das obras disponibilizadas e que seriam pertinentes para este trabalho. A mediação ainda é pobre e pouco explora as possibilidades de discussão e alternativas de mediação com as mesmas.

Os nossos achados de certo modo vêm confirmar que uma política de formação para os professores e mediadores de leitura, como os que atuam nas bibliotecas, poderia fazer com que algumas propostas de trabalho com o texto literário como instrumento para uma educação antirracista fossem bem-sucedidas. Nessa perspectiva, as nossas reflexões, pesquisas e projetos de extensão em desenvolvimento,[26] nos permitem propor uma formação do leitor em direção ao que sugere a prática do letramento racial. Ou seja, no sentido de que, como explica Schucman o letramento racial implica no entendimento de que

---

26 O projeto de extensão e pesquisa está vinculado ao ProgramaEgbara Wa, desenvolvido na Faculdade de Educação da Universidade Federal de Minas Gerais (FAE/UEMG).

> [...] o racismo é um problema atual, e não apenas um legado histórico. Esse legado histórico se legitima e se reproduz todos os dias e, se não for vigilante, o indivíduo acabará contribuindo para essa legitimação e reprodução [...] de que as identidades raciais são aprendidas. Elas são o resultado de práticas sociais [...] é se apropriar de uma gramática e de um vocabulário racial[...] é a capacidade de interpretar os códigos e práticas "racializadas".[27]

E para isso, o docente e todos os profissionais que atuam na educação de crianças e jovens precisariam passar por uma formação sólida em relação à abordagem dos assuntos relacionados a educação para as relações étnico-raciais.

REFERÊNCIAS

BLOG EDUCAÇÃO E TRANSFORMAÇÃO. Plano de aula: As tranças de Bintou. 16 nov. 2018. Disponível em: https://educacaoetransformacaooficial.blogspot.com/2018/11/sequencia-didatica-as-trancas-de-bintou.html. Acesso em: 27 ago. 2021.

BRASIL, MINISTÉRIO DA EDUCAÇÃO. Diretrizes Curriculares Nacionais e para a Educação das relações Étnico-Raciais e para o Ensino de História e Cultura Afro-Brasileira e Africana. Brasília: CNE/CP 003/2004.

BRASIL, MINISTÉRIO DA EDUCAÇÃO. Lei n. 10.639/2003, de 09 de janeiro de 2003. Altera a Lei 9.349 de 20 de dezembro de 1996. Brasília, Diário da União, 2003.

CAMARGO,.Luis.Ilustração em livros de literatura infantil.In FRADE, Isabel Cristina Alves da Silva. VAL, Maria da Graça Costa. BREGUNCI, Maria das Graças de Castro. Glosssário Ceale: termos de alfabetização, leitura e escrita para educadores.Belo Horizonte:UFMG/Faculdade de Educação, 2014.

DEBUS, Eliane S. Dias. *A literatura infantil contemporânea e a temática étnico-racial:* mapeando a produção. Disponível em https://alb.org.br/arquivo-morto/edicoes_anteriores/anais16/sem08pdf/sm08ss12_06.pdf acesso em 13 set 2021

GOMES, Nilma Lino (Org.). *Práticas pedagógicas de trabalho com relações étnico-raciais na escola na perspectiva da Lei nº 10.639/03.*Brasília: MEC;UNESCO; IPEA, 2012.

Gouvêa, M.C.S. Imagens do negro na literatura infantil brasileira: análise historiográfica. *Educação e Pesquisa,* v.31, n. 1. p.77-89, 2005.

LIVRARIA CULTURA. Menina bonita do laço de fita. Disponível em: https://www3.livrariacultura.com.br/menina-bonita-do-laco-de-fita-15016154/p. Acesso em: 27 ago. 2021.

MACHADO, Ana Maria. Menina bonita do laço de fita. São Paulo: Ática, 2004.

MINISTÉRIO DA EDUCAÇÃO: Programa Nacional Biblioteca da Escola – PNBE Temático. Disponível em: http://portal.mec.gov.br/par/194-secretarias-112877938/secad-educacao-continuada-223369541/18722-programa-nacional-biblioteca-da-escola-pnbe-tematico. Acesso em: 27 ago. 2021.

---

27 SCHUCMAN *apud* SILVA, 2016, p.1.

OLIVEIRA, Inês Barbosa de. *Currículos praticados:* entre a regulação e a emancipação. Rio de Janeiro: DP&A, 2003.

SILVA, Marcos F. L. da. Educação e letramento racial. *BOLETIM UFMG*, ano 46, n. 2081, 18, nov. 2019.

SILVA, Santuza A., FREITAS, Daniela A. Representações dos negros na literatura infantil e juvenil. *Revista de Educação*, PUCCampinas, v.21, n.3, p.211-322, set./dez., 2016.

SILVA, Santuza A; PRAXEDES, Vanda L. O livro didático de português e de História e a questão étnico-racial: apontamentos para reflexão.*IV SIMELP*, Goiás, p. 2479-2487, 2013.

SOUSA, Andréia Lisboa. Representacao-afro-brasileira-em-livros-paradidáticos.**Literafro.** Faculdade de Letras, UFMG, 2006.

ENSINO DE TEATRO E A LEI 10.639/03: CAMINHOS TRAÇADOS PARA A PLURIVERSALIDADE

Guilherme Augusto Diniz[1]
Rikelle Aparecida Ribeiro Neves[2]

INTRODUÇÃO

Em sua tese *A construção do outro como não-ser como fundamental do ser*, Sueli Aparecida Carneiro[3] analisa a racialidade como um dispositivo de poder e recurso teórico para compreender o racismo e a discriminação racial no Brasil. Para isto, a noção de dispositivo corresponde a "[…] um tipo de formação que, em determinado momento histórico, teve como função principal responder a uma urgência. O dispositivo

---

1 Guilherme Diniz é ator, pesquisador e crítico teatral. É licenciado em Teatro pela EBA/UFMG e mestrando em Literatura Brasileira pela FALE/UFMG. É crítico do site Horizonte da Cena. Já realizou coberturas de diversos festivais e mostras de teatro, tais como Janela de Dramaturgia (BH), Mostra Internacional de Teatro de São Paulo (SP), Segunda Black (RJ). Possui graduação-sanduíche pela Universidade de Coimbra/PT por meio do programa Abdias Nascimento/CAPES. É um dos produtores do Prêmio Leda Maria Martins de Artes Cênicas Negras de BH. É atualmente o Diretor Artístico do Teatro Municipal Geraldina Campos de Almeida e do Centro Literário Pedro Nestor em Pará de Minas (MG).

2 Rikelle Ribeiro é atriz formada pelo Teatro Universitário, licenciada em Teatro pela EBA/UFMG e mestre pelo Mestrado Profissional FAE/UFMG. Como docente, atua no programa Arte da Saúde e no CERSAM AD P/NO. Como diretora, dirigiu os espetáculos e cenas curtas: Revoadas, Abre Alas, Canto ao Mar, Pietá, Atlântida Negra, Encantoado, Ingreja dos louvores agudos e potentes e Estripulia.

3 CARNEIRO, 2005.

tem, portanto, uma função estratégica dominante".[4] Assim, no dispositivo de racialidade é a cor de pele que travará as noções de normalidade e anormalidade, então é possível afirmar que a urgência dos povos europeus estava em edificar o sujeito negro como *Outro*, para consolidar e justificar a sua estratégia de dominação a partir da colonização.

Nesse sentido, Carneiro também evoca a noção de *Contrato Racial*, conceito estudado por Charles Mills, para substancializar o seu argumento da racialidade como dispositivo estruturador da sociedade brasileira. Compreender essa teoria é

> [...] desvelar um sistema político não-nomeado que vem historicamente se desenvolvendo subsumido em outros sistemas políticos, e, isto, de forma mais duradoura na história do que alguns deles. É a supremacia branca, estruturada por um Contrato Racial.[5]

A partir dessa teoria é possível constatar as estratégias para manter a branquitude em espaços de privilégios, tendo acessos materiais e imateriais, formais ou informais a estruturas de poder.[6] Sendo assim, é importante ressaltar que uma sociedade organizada racialmente, um Estado racial e um sistema jurídico racial, onde o *status* de brancos e não-brancos é claramente demarcado, quer pela lei, quer pelo costume. E o objetivo desse Estado, em contraste com o estado neutro do contratualismo clássico, é, *inter alia,* especificamente o de manter e reproduzir essa ordem racial, assegurando os privilégios e as vantagens de todos os cidadãos integrais brancos e mantendo a subordinação dos não-brancos.[7]

A preservação desse contrato, que tem a violência como base, é firmada entre os iguais, em que o sujeito colocado no lugar do Outro será sistematicamente subjugado.[8] A partir da violência como estratégia de manutenção, consideramos importante trazer dois elementos que andam cruelmente interligados: o *genocídio* e o epistemicídio. Carneiro (2005) recoloca a noção de epistemicídio de Boaventura de Sousa Santos (1995), no plano das relações étnico-raciais no Brasil, como um instrumento de poder e dominação.

---

4 FOUCAULT *apud* CARNEIRO, 2005, p. 38.

5 CARNEIRO, 2005, p. 47.

6 MILLS, 1997.

7 MILLS *apud* CARNEIRO, 2005, p. 47.

8 CARNEIRO, 2005.

Para nós, porém, o epistemicídio é, para além da anulação e desqualificação do conhecimento dos povos subjugados, um processo persistente de produção da indigência cultural: pela negação ao acesso à educação, sobretudo de qualidade; pela produção da inferiorização intelectual; pelos diferentes mecanismos de deslegitimação do negro como portador e produtor de conhecimento e de rebaixamento da capacidade cognitiva pela carência material e/ou pelo comprometimento da autoestima pelos processos de discriminação correntes no processo educativo.[9]

Nesta mesma senda, a escola pública brasileira, na qualidade de instituição formadora, fora historicamente orientada, em seu nascimento, por políticas educacionais de verve excludente, herdeiras dos pressupostos teóricos do racismo científico do século XIX:

> Em 1856, quando surge oficialmente a escola pública no Brasil, o país vivia o período escravocrata, e as crianças em situação de escravas eram proibidas de ingressar nesta instituição. Quinze anos depois, em 1871, a Lei do Ventre Livre possibilitou o acesso das crianças libertas ao ensino profissionalizante que nesse período, em sua maioria, era oferecido por instituições religiosas.[10]

Ademais, a qualidade da educação destinada à população negra apresentava um caráter maciçamente tecnicista e dogmatizador, cujo objetivo pedagógico era a formação de uma massa trabalhadora dócil e manipulada ideologicamente pela influente moral católica, bem como pela ideia civilizatória e enobrecedora de trabalho, de acordo com Barros.[11] É escusado dizer que as bases histórico-culturais africanas não faziam parte, como fator positivo, de planejamento pedagógico algum, tornando ainda mais invisível a presença negra na constituição do país. Segundo Almeida e Sanchez:

> A escola imperial voltada ao ensino de comportamentos adequados, combativa às culturas populares, sob um modelo eurocêntrico de ensino e de sociedade desejada que visava à homogeneização cultural e à invenção de uma cidadania nacional, era vista como condição de progresso do Brasil.[12]

Portanto, havia um lastro político-educacional arraigadamente racista contra o qual o Movimento Negro se insurgiu a fim de democratizar o acesso à educação e a problematizar seus princípios ideológicos e pe-

---

9 CARNEIRO, 2005, p. 97.

10 DOS REIS *et al*, 2014, p. 620.

11 BARROS, 2005.

12 ALMEIDA; SANCHEZ, 2016, p. 236.

dagógicos hegemonicamente eurocentrados. Ainda consoante Santos,[13] três históricos[14] eventos organizados pelo Movimento Negro pressionaram sobremaneira o governo brasileiro a combater o racismo no ambiente escolar e a rever criticamente os currículos da educação básica a fim de incluir o estudo da história dos negros positivamente na sociedade nacional, são eles: I Congresso do Negro Brasileiro, de 1958; a Convenção Nacional do Negro pela Constituinte, de 1986; e a Marcha Zumbi dos Palmares Contra o Racismo, pela Cidadania e a Vida, de 1995.[15] Pressionadas pelo Movimento Negro, algumas capitais brasileiras realizaram mudanças político-educacionais em suas legislações municipais e/ou estaduais, ao incluírem a história dos negros brasileiros e da África em seus currículos.[16] Embora fossem determinações legais, tais alterações não possuíam amplitude sistemática, nem tampouco federal, o que viria a se materializar apenas com a lei 10.639, em 2003.

A promulgação da lei 10.639/03, ao incluir os artigos 26-A e 79-B, altera a lei Constitucional 9.394/96 e institui, em todo o currículo da Educação Básica brasileira, não apenas a obrigatoriedade do ensino de História e Cultura Africana e Afro-brasileira, mas também insere no calendário escolar o dia 20 de novembro, como Dia Nacional da Consciência Negra.[17] A partir desse marco legal, os currículos da rede de ensino nacional devem incluir, em sua estruturação e planejamento,

---

13 SANTOS, 2005.

14 Entre diversas iniciativas lideradas pelo Movimento Negro, é mister ressaltar o 1º Fórum sobre Ensino da História das Civilizações Africanas na Escola Pública, de 1991, realizado na UERJ. O resultado deste evento é a importante publicação *A África na Escola Brasileira*, de 1993, na qual estão reunidos artigos que se debruçam sobre a grave evasão escolar do alunado negro; a representação caricatural da cultura negra nos livros didáticos; o racismo na linguagem escolar, a importância cultural e epistemológica das civilizações africanas entre outras problemáticas atinentes à questão racial.

15 No artigo Movimento Negro e Educação, Petronilha Beatriz e Luiz Alberto Oliveira, discorrem longa e detalhadamente sobre a atuação de numerosos grupos, associações e coletivos negros (Frente Negra Brasileira, Teatro Experimental do Negro, a imprensa negra, etc.) na exigência, junto às instâncias políticas brasileiras, por devida escolarização das populações negras. É importante notar que a noção de educação adotada pelos Movimentos Negros, ao longo de décadas, se transformará agudamente; um reflexo direto das diferenças e divergências político-ideológicas dos inumeráveis segmentos e organizações negras

16 SANTOS, 2005.

17 BRASIL, 2003.

as contribuições artístico-culturais, intelectuais e políticas dos povos negros na construção da sociedade brasileira, de modo a reconhecer, respeitar e valorizar a diversidade étnico-racial que constitui o tecido cultural do Brasil. As determinações da lei 10.639/03, embora especialmente destinadas às disciplinas de História e Arte, são legalmente transversais a todas as disciplinas, tornando-se, desta forma, uma responsabilidade social de todos os agentes da comunidade escolar. Tomemos o texto da lei na sua integridade.

LEI Nº 10.639, DE 9 DE JANEIRO DE 2003

Altera a Lei no 9.394, de 20 de dezembro de 1996, que estabelece as diretrizes e bases da educação nacional, para incluir no currículo oficial da Rede de Ensino a obrigatoriedade da temática História e Cultura Afro-Brasileira, e dá outras providências.

Art. 1º A Lei no 9.394, de 20 de dezembro de 1996, passa a vigorar acrescida dos seguintes arts. 26-A, 79-A e 79-B:

> Art. 26-A. Nos estabelecimentos de ensino fundamental e médio, oficiais e particulares, torna-se obrigatório o ensino sobre História e Cultura Afro-Brasileira.
> § 1º O conteúdo programático a que se refere o *caput* deste artigo incluirá o estudo da História da África e dos Africanos, a luta dos negros no Brasil, a cultura negra brasileira e o negro na formação da sociedade nacional, resgatando a contribuição do povo negro nas áreas social, econômica e política pertinentes à História do Brasil.
> § 2º Os conteúdos referentes à História e Cultura Afro-Brasileira serão ministrados no âmbito de todo o currículo escolar, em especial nas áreas de Educação Artística e de Literatura e História Brasileira.
> § 3º (VETADO)
> Art. 79-A. (VETADO)
> Art. 79-B. O calendário escolar incluirá o dia 20 de novembro como "Dia Nacional da Consciência Negra".
> Art. 2º Esta Lei entra em vigor na data de sua publicação.[18]

É importante salientar, antes de prosseguirmos, que a promulgação da referida lei é o resultado de uma série de debates e demandas políticas realizados por vários segmentos, agentes e grupos da sociedade civil, entre os quais se destaca o Movimento Negro em suas reinvindicações antirracistas, ao longo de todo o século XX. Sales Augusto dos Santos[19]

---

18 BRASIL, 2003.

19 SANTOS, 2005.

sublinha diacronicamente a preocupação dos Movimentos Negros para com a urgente escolarização da população negra, marginalizada socioeconomicamente e abandonada pelos poderes públicos, após um processo abolicionista que não possibilitou àquele contingente humano escravizado, as mínimas condições materiais de plena inserção social e cidadã, ou seja, estavam eles entregues à própria sorte.[20] Conforme Santos, a escola fora perspectivada pelo Movimento Negro, inicialmente, como um meio privilegiado para a ascensão social, embora seus ativistas e intelectuais já se atentassem para as práticas discriminatórias reproduzidas pela própria instituição escolar.[21]

Com base nas determinações, e na própria existência, pedagógicas da lei 10.639/03 destaco mais um elemento estruturante do caráter da educação brasileira, incluindo nesse conjunto obviamente o ensino de arte/teatro, a saber, o epistemicídio racista que, enraizado na ótica e nas estruturas curriculares, desacredita e ignora racionalidades, saberes e formulações culturais distintas daquelas lógicas historicamente hegemônicas.

Portanto, torna-se, uma vez mais, relevante compreender a lei 10.639/03 como a culminação legal de acirrados debates, tensões no campo político e históricas demandas educacionais apresentadas, principalmente, pelos Movimentos Negros no século passado. Além do mais, ratificamos o entendimento de Gomes[22] ao afirmar que a supracitada legislação é capaz de provocar cultural e epistemologicamente uma transformação radical na estrutura curricular da educação brasileira, nas relações interpessoais e institucionais destes espaços, dando a ver suas articulações discriminatórias.

A necessidade dessa lei revela que há múltiplas possibilidades de experimentar o mundo e, dessa maneira, desmontar com as práticas epistemicidas que assassinam "[...] as maneiras de conhecer e agir dos povos africanos conquistados [...]",[23] fazendo com que os ensinamentos ocidentais sejam tidos como universais. É possível afirmar que esta ação de reconhecimento trazido pela lei 10.639/03 caminha em direção ao conceito de pluriversalidade. Ramose emprega esse termo em oposição à noção de universalidade excludente e, ao explanar que esse último conceito o autor afirma que:

---

20 FERNANDES, 1978.

21 SANTOS, 2005.

22 GOMES, 2012.

23 RAMOSE, 2011, p. 9.

[...] era corrente quando a ciência entendia o cosmos como um todo dotado de um centro. Entretanto, a ciência subsequente destacou que o universo não possui um centro. Isto implicou na mudança do paradigma, culminando na concepção do cosmos como um pluriverso. Parece que a resistência do "universo" mostra uma falha que aponta para o reconhecimento da necessidade de um deslocamento do paradigma. Neste ensaio optamos por adotar esta mudança de paradigma e falar de pluriverso, ao invés de universo.[24]

Noguera, partindo da definição de Ramose, conceitua a pluriversalidade como "[...] o reconhecimento de que todas as perspectivas devem ser válidas; apontando como equívoco o privilégio de um ponto de vista."[25] O autor compreende este conceito nos campos da filosofia e da educação, perspectiva que dialoga, diretamente, com o teatro, pela necessidade de levar em conta a pluralidade do fazer artístico e da pedagogia teatral.

Ora, no ensino de Teatro, corrente e majoritário, como veremos no breve Estado da Arte sobre o Teatro-Educação e a lei 10.639/03 logo abaixo, as teatralidades, performatividades e expressões dramatúrgicas, oriundas dos saberes africanos e/ou afro-brasileiros são sistematicamente secundarizadas, quando não sub-repticiamente exotificadas em sua ampla diversidade, reproduzindo neste movimento uma perspectiva monocultural, eurocêntrica e colonialista no ensino de arte. Para Nogueira, a educação universal está ligada a monoracionalidade, na qual somente uma abordagem é possível. Diferente dessa perspectiva o autor aponta que a educação deveria incorporar as diferenças presentes na instituição, exigindo "[...] a diversidade de narrativas, de lógicas e epistemológicas no currículo."[26]

Nesse sentido, ele indica, também, que a pluriversalidade se apresenta como polirracional, considerando múltiplas abordagens. Assim, ele define este conceito como sendo "[...] o reconhecimento de que todas as perspectivas devem ser válidas; apontando como equívoco o privilégio de um ponto de vista."[27] Dessa maneira, é necessário reafirmar a necessidade de pensar em pedagogias e não uma única pedagogia. A ideia de universal esteve ligada aos saberes científicos, compreendendo que estes estavam direcionados a buscar uma verdade única sobre o conhecimento. Esse direcionamento para uma única possibilidade de

24 RAMOSE, 2011, p. 6.

25 RAMOSE, 2012, p. 64.

26 NOGUEIRA, 2012, p. 62.

27 NOGUEIRA, 2012, p. 63.

verdade estabelece uma centralização de um saber em detrimento de outros, compreendendo que, nesse processo de universalização, quem está no centro é o saber hegemônico, gerido por homens brancos, que reproduziam noções de normatividade, o que, por sua vez, afeta nossa maneira de ver raça, gênero e classe.

Tanto a lei 10.639/03, quanto o ensino de Arte no currículo básico, materializam, cada qual à sua maneira, resistências a propostas curriculares excludentes, monolíticas e tecnicistas, colocando em debate outros saberes e processos formativos indispensáveis a uma cidadania crítica e consciente dos numerosos componentes histórico-culturais constitutivos da sociedade brasileira.

NEGRAS LUZES SOBRE O PALCO

Antes de procedermos à identificação do estado da arte do Teatro Negro, no âmbito da pedagogia teatral, é importante ensaiar nossa compreensão conceitual sobre tal linguagem cênica.

É indispensável, primeiramente, entender que o termo Teatro Negro, no singular, é incapaz de subsumir a pluralidade estética, ideológica, política e poética de teatralidades, performatividades e dramaturgias que têm no signo e na corporeidade negra o seu eixo estruturante de criação. Leda Maria Martins,[28] importante teórica destas teatralidades, afirma que não se pode pensar em unidade ao analisar tal teatro, mas em criações mutantes, em constante trânsito. De modo que o conceito Teatro Negro será usado aqui com esta ressalva.

Marcos Alexandre reflete da seguinte maneira sobre o Teatro Negro: "[...] tratam-se dos textos dramáticos e/ou espetaculares em que os negros, a sua cultura e a sua visão ideológica do (e para o mundo) aparecem como temática central e como agentes."[29]

A noção de *corpo negro pulsante* é axial na teorização de Alexandre, pois para o autor esta corporeidade, no jogo/rito cênico, se integra a uma matriz ancestral de memórias coletivas e pessoais que, conectadas simbolicamente ao continente africano, são reatualizadas na performance. Para Leda Martins a *negrura* no contexto espetacular é um conceito semiótico que não se limita inextricavelmente à cor, fenótipo

---

28 MARTINS, 1995.

29 ALEXANDRE, 2017, p. 28-29.

ou etnia do criador/performer, mas se ancora nestes elementos para junto das memórias e experiência social do negro, projetá-lo em cena como agente e sujeito do seu discurso, solapando estereótipos, generalizações e estigmas.

Cristiane Sobral ao analisar as artes cênicas negras contemporâneas, na conjuntura dos Fóruns Nacionais de Performance Negra, considera que tais teatralidades, na via dos hibridismos artísticos, reinventam com liberdade as tradições, religiões e saberes afro-brasileiros no palco.[30] Além disso, a construção da persona negra, em sua dimensão humana e complexa, quer se escapar do olhar enviesado e racista do branco, que o forjou. Dessa forma estas personagens ou atuantes incluem em suas criações afetividades, conflitos e outros aspectos de suas subjetividades, longe de maniqueísmos.

Para finalizar, Lima define como *teatro engajado negro* aquelas produções cênicas nas quais a atitude militante, assumidamente política, de envergadura contestatória é encarnada pelos artistas negros, com o intuito de discutir, denunciar e problematizar a situação social desta população no Brasil e no mundo.[31] Direta ou indiretamente a diversidade de grupos, companhias e iniciativas teatrais negras atualmente têm no Teatro Experimental do Negro, fundado em 1944, por Abdias Nascimento,[32] referência para continuar o seu trabalho. Segundo Nascimento, o TEN almejava resgatar a humanidade violentada da

---

30 SOBRAL, 2016.

31 LIMA, 2010.

32 Abdias Nascimento nasceu em Franca (SP), em 1914, ligado à causa negra desde a juventude, sendo um dos mais expressivos participantes da FNB - Frente Negra Brasileira - (importante organização negra iniciada em São Paulo na década de 30). Idealizou o Teatro Experimental do Negro (TEN) em 1944, liderando-o até 1968, ano em que se exila nos Estados Unidos. Lá ministra cursos e palestras sobre a cultura afro-brasileira na Universidade do Estado de Nova York, Buffalo. De volta ao Brasil no início da década de 70 inicia a carreira política, integrando o PDT – Partido Democrático Brasileiro. Tornou-se secretário de Defesa da Promoção das Populações Afro-Brasileiras do Rio de Janeiro, deputado federal pelo mesmo Estado em 1983 e senador da República em 1997, pelo PDT. É autor de vários livros: *Sortilégio, Dramas para negros e prólogo para brancos, O negro revoltado, O Genocídio do Negro Brasileiro; Axés do Sangue e da Esperança*, entre outros. Atuou como professor na Universidade de Ifé, na Nigéria. Foi doutor *Honoris Causa* pela Universidade de Brasília. O poeta, intelectual, ator, dramaturgo, pintor, político e militante faleceu no Rio de Janeiro em 2011, um ano após ser indicado ao Prêmio Nobel da Paz, em reconhecimento à sua aguerrida trajetória. Cf.: NASCIMENTO, 2014.

personagem negra – vítima das ridicularizações, simplificações e do *black-face* –, bem como sua cultura, enfrentando os discursos racistas no palco e abrindo caminho para artistas cênicos negros, atando estética e reinvindicação política, como ato de resistência.[33]

A LEI 10.639/03 EM CENA: PALCO EMANCIPATÓRIO

Neste momento da revisão bibliográfica, apresentaremos e analisaremos as pesquisas, ações e projetos artístico-pedagógicos, já realizados, com vistas a atender as prerrogativas da lei 10.639/03 no ensino de Teatro. Discutiremos do mesmo modo as potencialidades estéticas, reflexivas e políticas que a manifestação teatral porta, no âmbito pedagógico, ao se aliar às determinações da aludida legislação.

Na análise dos artigos apresentados nas edições do Congresso Nacional da Federação de Arte Educadores do Brasil (CONFAEB), de 2004 a 2017, apenas em 2008 a lei 10.639/03 foi tratada como objeto de pesquisa, ao passo que somente em dois artigos há menção ao ensino de Teatro – incluindo aí a representação dramática e as performances culturais afro-brasileiras –, a partir do recorte histórico-cultural da sobredita lei. É mister dizermos que a esmagadora maioria dos artigos sobre a lei pertencia ao campo das artes visuais, além de serem numericamente reduzidos. Nos anos analisados, nenhuma edição teve mais do que três artigos sobre a referida legislação . Destacaremos alguns que se aproximam de nosso tema.

Em seu artigo *Artes da África: entre a lei e a prática* a pesquisadora Marcia Regina da Silva introduz algumas noções teóricas basilares para a atuação de professores com a supracitada lei, tais como uma crítica ao dominante paradigma eurocêntrico no ensino das artes; uma análise dos discursos correntes, alegando que a lei seria desnecessária no Brasil, uma vez que vivemos numa igualdade racial, além de problematizar o tema "arte africana", de caráter reducionista, de uma produção cultural muito variegada.[34] Já Rodrigues vale-se das qualidades corporais e espetaculares da capoeira angola, em seus procedimentos metodológicos para fortalecer os aspectos identitários de uma comu-

---

33 NASCIMENTO, 2004.

34 SILVA, 2008.

nidade quilombola.[35] O gestual, os códigos coreográficos e as relações espaciais articuladas pela capoeira angola foram incorporados, na ação pedagógica de Rodrigues, como procedimentos metodológicos sobre os quais se avistam valores históricos, identitários e comunitários. Lembramos que as diretrizes da lei 10.639/03 se estendem também à educação quilombola.

Frisamos também o artigo *Cultural ou artístico: antropológico ou estético: performances e o Outro Teatro*, no qual Silva perspectiva alternas matrizes estético- cênicas para serem abordadas em sala de aula.[36] Para isso a pesquisadora apoia-se no conceito de *Outro Teatro,* proposto por Zeca Ligiéro.[37] Nesta conceituação, próxima dos estudos da performance e da etnocenologia, Silva afirma que o contato com estas performances é fundamental na formação dos licenciandos, ampliando neles o conhecimento sobre as artes cênicas em sua diversidade.[38]

Nos Congressos da–Associação Brasileira de Pesquisa e Pós-graduação em Artes Cênicas (ABRACE), de 2004 a 2017, também não há entradas ou palavras chaves sobre o tema aqui focalizado, e apenas um trabalho menciona a lei 10.639/03. Contudo, há dois artigos, quais sejam Abayomi – rito de origem: performance no espaço escolar e Gestualidade ancestral: o trânsito entre o Candomblé e o teatro,que investigarão performances e culturas afro-brasileiras em interlocução com os estudos pedagógicos.

Moraes pensa numa preparação do artista cênico com base nas gestualidades do candomblé.[39] A reflexão abarca procedimentos para esta pedagogia do ator, sem analisar os riscos que um uso equivocado destes elementos culturais poderia acarretar, em termos de estereotipia e distorções semânticas. A pesquisadora ainda se refere a uma *gestualidade ancestral* alimentada pelo candomblé e suas danças dos orixás. Gestualidade esta que poderia suscitar estados e qualidades de

---

35 RODRIGUES, 2015.

36 SILVA, 2017.

37 "Outro teatro é a definição aplicada às performances artísticas e culturais que envolvem narrativas, danças, cantos e elementos cenográficos, utilizadas principalmente pelas tradições africanas, asiáticas e ameríndias que se tornaram conhecidas como importantes para o mundo das artes cênicas através de diretores de vanguarda da Europa no século XX". Cf.: LIGIERO, 2012, p. 1.

38 SILVA, 2017.

39 MORAES, 2017.

movimento extra-cotidianos, ampliados no ator. Mas a autora não disserta a fundo sobre tal conceito, afinal, em qual noção/entendimento de ancestralidade o texto se apoia? E quanto a quem nunca se iniciara nesta tradição religiosa? O risco em reproduzir movimentos meramente estetizantes é alto sem uma apurada autocrítica e conhecimentos aprofundados sobre os valores culturais do candomblé.

O segundo artigo destacado relata a criação de uma performance numa escola pública de João Pessoa, com uma turma do 1º ano do Ensino Fundamental. Omar ancora sua experiência artístico-pedagógica na lei 10.639/03.[40] Tratou-se da elaboração simbólica de um rito de passagem, estruturado com elementos nitidamente afro-brasileiros, como as bonecas Abayomi, a oralidade, expressa na contação de histórias e a inclusão de atividades culturais locais, para valorizar a identidade quilombola dos alunos. As interpenetrações entre pedagogia e performance são pontos focais deste relato de experiência.

Passaremos agora às dissertações, monografias e demais obras esparsas que complementam esta revisão da literatura sobre a pedagogia teatral e as artes cênicas negras.

Filho, em sua dissertação de mestrado intitulada Aqui é África! Teatro do Negro na Educação xxxxx,[41] apresenta sua experiência pedagógica como professor do ensino fundamental, em Santo Amaro (BA), para implementar a lei 10.639/03, no ensino fundamental. Trata-se da criação de textos dramáticos, como material didático para abordar questões atinentes à discriminação, racismo, identidades negras, valendo-se do pensamento de notórios intelectuais e dramaturgos negros como Wole Soyinka e Abdias Nascimento. O processo de feitura de tais textos deu-se em diálogo com os alunos, de tal modo que docente e discente colaboraram ativamente no desenvolvimento das pequenas dramaturgias. O autor fez uso da *abordagem triangular*, pensada por Ana Mae Barbosa, de modo que a interlocução entre cena e texto estruturou a experiência estético-pedagógica, indicando outras possibilidades metodológicas para além das populares culturas e tradições afro-brasileiras. Ademais, a lei 10.639/03 é explicitamente referida como alicerce político da pesquisa.

Já no artigo de Souza e Costa, intitulado *Teatro como Estratégia de Ensino da História e Cultura Afro-brasileira no Ensino Médio*, o teatro é

---

40 OMAR, 2017.

41 FILHO, 2017.

encarado numa ótica instrumental,[42] como mero meio para trabalhar com os conteúdos históricos concernentes ao continente africano, ao povo negro no Brasil, na disciplina de História. Os próprios pesquisadores assumem a insuficiência de saberes específicos das artes cênicas que a proposta pedagógica possui. O projeto consistiu na construção de uma peça teatral, *Filhos de África*, na qual a história do tráfico negreiro e das raízes africanas do Brasil são recontadas, numa perspectiva crítica. Embora a lei seja também o ponto de partida desta proposta, o campo teatral em si não o é, de maneira que o uso instrumental do teatro para finalidades alheias ao seu campo artístico limita os alcances estéticos desta intervenção para a pedagogia das artes cênicas.

Na mesma linha, a monografia de Tiago Salvador, *O Teatro e o Ensino de História e Cultura Afro-brasileira, Africana e Indígena em sala de aula: um diálogo possível*[43] reproduz a mesma abordagem instrumental do teatro, tomando-o como ferramenta didática para o ensino de história. Embora o autor problematize, de modo reflexivo, a necessidade de se repensar os modelos pedagógicos dominantes nos currículos de história, na educação básica, a sua perspectiva metodológica, quanto ao ensino de teatro, revela fragilidades conceituais e procedimentais no trabalho cênico.

A articulação teórica entre a educação das relações étnico-raciais e os pressupostos político-pedagógicos do Teatro do Oprimido, como metodologia de ensino, é, em si, interessante por conjugar procedimentos teatrais concebidos para uma reflexão estética e social das muitas agruras brasileiras. Contudo o autor reduz gravemente a dimensão artística da manifestação teatral ao afirmar que quando

> [...] pensamos o teatro na educação levamos em consideração o contexto pedagógico vigente, partindo da premissa de que o professor está inserindo em sua metodologia o teatro, ou seja, o teatro está chegando para somar na causa maior e não o teatro é a causa maior.[44]

Inequivocamente, essas considerações caminham na contramão das muitas discussões acima apresentadas, pois o autor parece negar precisamente aquilo que inúmeros arte-educadores demandaram: o reconhecimento das artes na qualidade de campo produtor de conhecimentos e saberes específicos, cuja autonomia no currículo básico deve ser assegurada.

---

42 SOUZA; COSTA, 2013.

43 SALVADOR, 2017.

44 SALVADOR, 2017, p. 32.

A monografia de Evandro Nunes Lima aposta no Teatro Negro como conteúdo para trabalhar a construção positiva da identidade dos alunos negros e enfrentar desigualdades raciais e opressões.[45] A intervenção se organizou em oficinas para alunos de doze a quatorze anos, numa escola periférica de Belo Horizonte. Os chamados valores civilizatórios afro-brasileiros foram os princípios orientadores da oficina, cada qual desenvolvido com as crianças a partir de jogos. O educador em questão abordou não apenas problemáticas sociais da população negra, como também aspectos filosófico-estéticos afro-brasileiros para estruturar a sua poética educativa. O Teatro Negro é apresentado como expressão artística e política dos afro-brasileiros, cujas elaborações encenam e dramatizam no/pela corporeidade a imensa plêiade de histórias, memórias e afetos transversais às experiências socioculturais dos sujeitos negros. A lei 10.639/03 é mencionada e discutida, no tocante às dificuldades de sua implementação. O silenciamento e a invisibilidade social impostos aos sujeitos negros são apontados pelo autor como condições dificultadoras à efetuação plena da lei.[46]

Araújo amplia ainda mais as possibilidades pedagógicas de concretização da lei 10.639/03, ao conjugar a metodologia do Teatro do Oprimido com a temática racial.[47] Em um projeto social do subúrbio do Rio de Janeiro, o autor desenvolveu sessões de teatro-imagem e teatro-fórum, com jovens entre quinze e dezessete anos, objetivando provocá-los a reconhecerem o seu papel de *espec-atores* na sociedade, como proposto por Augusto Boal. Ou seja, a noção de que são ativos na construção estética e histórica de suas vidas, desafiando as estruturas racistas de exclusão. Após as sessões, Araújo constatou que os alunos passaram a reconhecer atitudes opressoras em si e no seu cotidiano e que em cena deixam o estado de passividade, tornando-os mais conscientes de suas ações na sociedade.[48]

Na importante obra *Superando o racismo na escola*, fruto da reflexão de professores, pesquisadores e especialistas da educação para as relações étnico-raciais, Maria José Lopes da Silva debruça-se sobre as potencialidades das artes para a implementação da lei 10.639/03 e para

---

45 LIMA, 2017.

46 LIMA, 2017.

47 ARAÚJO, 2014.

48 ARAÚJO, 2014.

o fortalecimento de uma pedagogia antirracista.[49] Primeiramente, Silva contesta a suposta universalidade da estética, alegando que o conceito de Arte não é unívoco e responde a uma conjuntura histórico-cultural imensamente variável espaço e temporalmente. Os discursos etnocêntricos e racistas, incrustrados no jargão estético, que classificam as artes afro-brasileiras como primitivas, *naifs* ou rústicas também são alvo de duras críticas da pesquisadora. A noção universal de Belo é relativizada em sua inverídica objetividade, desvelando o seu caráter artificial, arbitrariamente ideológico e eurocêntrico. Adiante, a autora apresenta várias possibilidades metodológicas para a ação artístico- pedagógica do professor em sala de aula. Ao deter-se no Teatro-Educação, alguns jogos teatrais afro-brasileiros, o drama ritual africano, as performances dos Reinados e Congados são citados, como possíveis conteúdos. Dois dos principais objetivos são: levar os alunos a conhecerem outras concepções estéticas para além dos lugares-comuns brancos e europeus, assim como estimulá-los a reconhecerem estereótipos racistas na retratação dos corpos negros na ficção teatral e fora dela.

As reflexões de Rosana Machado de Souza, em sua dissertação de mestrado, *Teatro Negro e Educação: entre políticas e corporeidades*[50] preenche uma importante lacuna nas análises sobre o Teatro Negro na educação básica, ao mesmo tempo em que dá a ver outros tantos desafios políticos e pedagógicos que não apenas inviabilizam a implementação plena da lei 10.639/03, mas como também dificultam à valorização e inclusão efetiva destas teatralidades na formação básica em artes.

A autora empreende uma análise dos livros didáticos de Artes no ensino fundamental e médio, aprovados pelo Plano Nacional do Livro Didático (PNLD), entre 2015 e 2016, visando compreender e identificar de que forma as culturas afro-brasileiras, o povo negro e o Teatro Negro são representados nestas obras e quais os possíveis impactos dessas representações na educação.

As constatações de Souza são graves. Em primeiro lugar em alguns livros a incidência do tema era irrisória, relegando a relevância cultural dos povos negros a esparsos momentos na história do Brasil e do mundo,[51] em segundo lugar, ainda persiste uma forte folclorização racista na apreciação das formas artísticas negras. Num dos livros analisados,

---

49 SILVA, 2005.

50 SOUZA, 2016.

51 SOUZA, 2016.

as danças-afro foram descritas como danças étnicas. Ora, quais danças não são étnicas? Por que somente as danças dos povos negros são assim consideradas? Mais uma vez o mito de que as culturas brancas e europeias são universais, ao passo que as demais são específicas e locais, prevalece neste livro didático.

O QUE NOS CONTAM OS RESULTADOS?

O ensino de Teatro, segundo os resultados obtidos ao verificarmos as pesquisas na CONFAEB e na ABRACE, se atenta timidamente para as resoluções da lei 10.639/03, predominando a abordagem das teatralidades e manifestações artístico-culturais europeias. Além do mais, poucos são os trabalhos acadêmicos nos quais se observou o desenvolvimento de procedimentos metodológicos embasados nos saberes e processos culturais afro-brasileiros ou africanos. A lei 10.639/03 ainda enfrenta dificuldades para se efetivar de modo sistemático, pois sua implementação continua a cargo da consciência ou proatividade individuais de docentes. Esse quadro é profundamente sintomático, pois revela indiretamente que as gestões escolares, as instâncias institucionais em nível federal, estadual e municipal não estão desenvolvendo mais mecanismos de avaliação e de um continuado acompanhamento da lei. Como já apontado em algumas pesquisas, a insistente falta de uma formação docente qualificada para a educação das relações étnico-raciais, sobretudo nas licenciaturas e cursos de pedagogia, compromete decisivamente a efetivação lei, correndo o risco de se reduzir a datas comemorativas ou momentos pontuais no ano letivo.

O Teatro-Educação apresenta potencialidades fundamentais para as discussões étnico-raciais, conforme analisado. A atividade cênica ao mobilizar a integralidade do corpo, as dinâmicas coletivas, o jogo lúdico e a interdependência dos envolvidos, em sua concreção, pode promover uma ambiência de escuta e cooperação basilares para respeitarmos as alteridades. O corpo, em ação teatral, é não apenas expressivo, em suas fabulações simbólicas, mas crucial para o fenômeno cênico se fundar. Compartilhar a presença e suscitar processos conviviais, sobretudo em uma arte que se funda nas experiências comunais, são dispositivos que o ensino de Teatro pode intensificar nas relações pedagógicas.

Os relatos de algumas pesquisas apontam que o Teatro e seu ensino, aliado às determinações da lei 10.639/03, podem romper com os distanciamentos intersubjetivos, a negação do *Outro* e o etnocentrismo, justamente pelo caráter dialógico das artes cênicas, tendo a coexistência de sujeitos, no mesmo tempo-espaço, como um princípio básico de sustentação. O ensino de Teatro afirma, em suas metodologias e didáticas próprias, que a arte na escola diz respeito não apenas à expressão sensível, mas à criação/produção artística e ao aprimoramento de modos particulares de inteligência/percepção, que só o campo epistemológico da arte fornece.

O Teatro do Oprimido afigura-se como uma metodologia relevante para o debate artístico-pedagógico das diversas desigualdades construídas historicamente no Brasil, provocando os alunos-atores a pensarem de modo *cri(ativo)* nas opressões sociais. Pois uma das contribuições dos jogos teatrais, sejam aqueles desenvolvidos por Augusto Boal, Viola Spolin ou Beatriz Cabral, é a intensificação dos processos psicomotores, imaginativos e inter-relacionais dos alunos para a resolução, em conjunto, de problemas, questões e desafios fornecidos pelo próprio jogo, ou a partir dele. Os estudantes são agentes criadores de realidades e mundos possíveis que, ao friccionar com a realidade ordinária, gera tensões, estranhamentos, dúvidas e novas possibilidades de olhar crítico para a nossa sociedade. É o próprio Augusto Boal quem disse que o teatro pode ser um ensaio para a revolução.[52] Por isso, os relatos de experiência, analisados no Estado da Arte, que utilizaram do Teatro do Oprimido como metodologia, avançam significativamente na implementação da lei 10.639/03. Embora ressaltemos que para que a proposta da lei seja efetivada, é necessário que o docente tenha ferramentas teórico-pedagógicas e esteja comprometido com a pauta antirracista.

Há uma ausência, porém, de abordagens pedagógicas que versem sobre as artes cênicas do continente africano ou da diáspora negra ao redor do globo, em sua diversidade. Apenas uma dissertação desenvolveu práticas com essas manifestações artísticas, tal como o relato de experiência acerca da leitura da dramaturgia de Wole Soyinka. A presença de autores e autoras teatrais africanos e afro-brasileiros permanece minguada no ensino de Teatro.

Após dezesseis anos, desde sua promulgação, a lei 10.639/03 continua a ser um pilar pedagógico e político a sustentar práticas, abordagens metodológicas e reflexões que, por sua vez, almejam plasmar uma educação verdadeiramente plural, antirracista e que reconheça a diversidade como um direito fundamental. Ao mesmo tempo, a lei ainda se nos afigura como um desafio interinstitucional e social, pois o combate efetivo à desigualdade racial, bem como às suas estruturas

---

52 BOAL, 1975.

discriminatórias deve se articular de modo sistemático. A lei, neste sentido, deve ser acionada e incorporada nos diversos entes institucionais, gestões escolares, instâncias de ensino e contextos formativos, sob o risco de se tornar mero instrumento solitário e/ou pontual.

A obra *Educação para as relações étnico-raciais: o Estado da Arte* ponta para algumas transformações substanciais plasmadas pela lei 10.639/03 e pelas legislações dela oriundas, tais como:

- a reivindicação por uma formação docente continuada para atender as diretrizes da lei;
- o impulsionamento da produção acadêmica, no campo da Educação, sobre essas temáticas, produzindo novas abordagens epistemológicas, metodológicas e curriculares em todos os níveis do ensino;
- o aumento na produção de materiais didáticos e paradidáticos avolumando a bibliografia especializada no assunto e, igualmente importante, alimentando as bibliotecas das escolas brasileiras.[53]

A partir das questões tecidas até aqui, achamos que seria importante elucubrar possibilidades para efetivação da lei 10.639 no ensino de teatro. Consideramos que umas das propostas possíveis, sabemos que são diversas, aparece nos escritos de Renato Noguera quando o autor projeta a noção de denegrir enquanto conceito filosófico.[54] Segundo Noguera

> [...] o objetivo de desnudar o conceito de denegrir, palavra que literalmente só significa: tornar-se negra(o), isto é, enegrecer. Em linhas muito gerais, na mitologia egípcia, Nut é a deusa do céu, feminino; e Geb, deus da terra, masculino. O céu é fecundado pela terra para que possa dar luz às primeiras deusas e primeiros deuses e o mundo seguir seu curso. Pois bem, o céu tem uma rotina importante que deve ser acompanhada pelos seres humanos. Nut engole o sol todos os dias no crepúsculo sobre as montanhas do oeste e dá luz na aurora. A terra é negra e o sol precisa da negrura do ventre de Nut para ser revitalizado e renascer no dia que virá. Num direto espelhamento da ação contínua de Nut de engolir e parir o sol, o hábito humano deve ser sonhar, dormir tem o sentido de enegrecer, isto é, acolher o sol ou simplesmente, viver no mundo dos sonhos. Num registro, negro, negra, preta, preto e escuridão são sinônimos de lugar que revitaliza, fertilizante, fértil, de criação e renovação. Em outro, negro, negra, preta, preto e escuridão são sinônimos de sonho.[55]

---

53 Estado da Arte (2018)

54 NOGUERA, 2012.

55 NOGUERA, 2012, p. 66.

Ao propor o denegrir, na Educação, Nogueira retoma aos significados de "negro", apresentando a "negrura" como "[...] sinônimo de fertilidade, criatividade, capacidade de gestação, nascimento e florescimento de vida."[56] Em seu argumento, vemos uma visão positiva não só da cor, como do sujeito negro. Esta ideia vai de encontro ao dispositivo de racialidade, no qual esse sujeito é visto, isto é, como sinônimo de anormalidade.

A sua proposta de *denegrir a educação*, a qual pretende "[...] um exercício intercultural, uma revitalização existencial aberta à pluriversalidade."[57] Para ele, a ação de denegrir a educação está ligada à pedagogia da pluriversalidade. Assim, continuando o seu argumento, Noguera afirma que a pluriversalidade filosófica aqui defendida concebe a educação como um exercício policêntrico, perspectivista, intercultural que busca um polidiálogo considerando todas as particularidades. Na nossa reivindicação pela pluriversalidade da filosofia, nós trazemos à baila a filosofia afroperspectivista com o intuito de denegrir a educação.

Em linhas gerais, o autor define afroperpesctivista como "[...]exercício filosófico protagonizado por pertencimento marcado, principalmente, pela afrodiáspora."[58] Sendo assim, numa pedagogia teatral da pluriversalidade é fundamental que haja a ação de denegrir a educação, trazendo referências negras e uma visão positiva da negrura, a fim de traçar outras histórias e modos de criação artística, em uma sociedade que sacraliza princípios culturais eurocentrados.

A lei 10.639/03, em todas as suas potencialidades político-pedagógicas foram e continuam a ser demandas, sobretudo, dos Movimentos Negros a fim de garantir a pluriversalidade na educação brasileira, nos mais distintos níveis, ou seja, são exigências e reflexões que das ruas, dos terreiros, grupos e clubes negros afetam e as instituições de ensino. Do mesmo modo percebemos que no processo de construção e criação de cias e iniciativas dos Teatros Negros também vemos surgir, ao lado da prática artística, a necessidade de pedagogias teatrais negras. Logo, os processos criativos desses grupos de teatro não só evidenciam um corpo, questões e histórias negras em cena, mas também revelam outros modos de fazer, pensar e vivenciar a arte.

---

56 NOGUEIRA, 2012, p. 67.

57 NOGUERA, 2012, p. 69.

58 NOGUERA, 2012, p. 65.

O diálogo para com as artes cênicas negras no âmbito da pedagogia teatral constitui-se como um campo de experimentação pedagógica profundamente desafiadora e pulsante. Em sua maioria, são dramaturgias e teatralidades que articulam em suas configurações artísticas cosmovisões, retratos históricos, figurações e filosofias vitais a uma compreensão humanizada e multifacetada dos sujeitos negros e suas culturas. A criação teatral, nesse sentido, é capaz de promover uma desnaturalização dos significados atribuídos à negrura, pois em sua dimensão estética, o Teatro Negro elabora uma transgressão da realidade ordinária/material, transformando sentidos e problematizando as representações e performances do mundo. Logo, o Teatro-Educação, sob a ótica da lei 10.639, tem a possibilidade de perspectivar a *alteridade* como um elemento catalisador da criação e do pensamento artísticos. As investigações que mostram que todas elas que o(s) Teatro(s) Negro(s) não é/são de modo algum estanque, monolítico(s) ou fossilizado(s). Ao contrário, a pluralidade de poéticas sob tal conceito guarda-chuva apenas atesta uma saudável polifonia criativa que corresponde evidentemente à complexidade histórico-cultural dos indivíduos e comunidades negras.

REFERÊNCIAS

ALEXANDRE, Marcos Antônio. *O teatro negro em perspectiva*: dramaturgia e cena negra no Brasil e em Cuba. Rio de Janeiro: Editora Malê, 2017.

ALMEIDA, Marco Antônio Bettine de; SANCHEZ, Lívia. Os negros na legislação educacional e educação formal no Brasil. *Revista Eletrônica de Educação,* São Carlos, v. 10, p. 234-246, 2016.

ARAUJO, Francisco W.B. Sampaio de. As identidades étnico-raciais e o jogo teatral proposto pela metodologia de ensino do Teatro do Oprimido. *Congresso Internacional Interdisciplinar em Sociais e Humanidades – CONINTER*, Salvador, n. 3, 2014.

BOAL, Augusto. *Teatro do Oprimido e outras poéticas políticas*. Rio de Janeiro: Civilização Brasileira, 1975.

BRASIL. *Lei 10.639 de 9 de janeiro de 2003*. D.O.U. 10 jan. 2003.

CARNEIRO, Sueli Aparecida. *A Construção do Outro como Não-Ser como fundamento do Ser*. Tese (Doutorado em Educação) – Pós-graduação em Educação da Universidade de São Paulo, São Paulo, 2001.

DOS REIS *et al*. Desafios para a política educacional: a presença negra na configuração escolar. *Revista Brasileira de Política e Administração da Educação,* n. 3, p. 619-634, 2014.

FERNANDES, Florestan. *A integração do negro na sociedade de classes*: no limiar de uma nova era. São Paulo: Ed. Ática, 1978. v. 1.

FILHO, Frederico da Luz Santana. *Aqui é África! Teatro do Negro na Educação*. Dissertação (Mestrado) – Centro de Artes Humanidades e Letras, Universidade Federal do Recôncavo da Bahia, 2017.

GOMES, Nilma Lino. *Práticas pedagógicas de trabalho com relações étnico-raciais na escola na perspectiva da lei 10.639/03*. Brasília: MEC/UNESCO, 2012.

JESUS, Cristiane Sobral Correa. *Teatros negros e suas estéticas na cena teatral brasileira*. Dissertação de Mestrado – Instituto de Artes, Universidade de Brasília, Brasília, 2016.

LIGIÉRO, Zeca. Outro Teatro: Arte e educação entre a tradição e as experiências performáticas. *Revista Poiésis*, n. 19, p. 15-28, jul. 2012.

LIMA, Evandro Nunes. Ler o Mundo com olhos negros: a lei 10.639/03 e o Teatro Negro. *In*: MENEZES, Aline Ruiz, GONÇALVES, Clézio Roberto, MUNIZ, Kassandra da Silva. *Africanidades*: prática sociais e pedagógicas. Curitiba: Brazil Publishing, 2017.

LIMA, Evani Tavares. *Um olhar sobre o Teatro Experimental do Negro e do Bando de Teatro Olodum*. Tese (Doutorado) – Instituto de Artes, Universidade Estadual de Campinas, Campinas, 2010.

MARTINS, Leda Maria. *A cena em sombras*. São Paulo: Editora Perspectiva, 1995

MILLS, Charles. *The Racial Contract*. Nova York: Cornell University, 1997.

MORAES, Daniela Beny Polito. Gestualidade ancestral: o trânsito entre o Candomblé e o teatro. *Anais Abrace*, v. 18, n. 1, 2017.

NASCIMENTO, Abdias. Teatro experimental do negro: trajetória e reflexões. *Estudos Avançados*, São Paulo, v. 18, n. 50, p. 209-224, 2004.

NASCIMENTO, Elisa Larkin. *Abdias Nascimento (Grandes vultos que honraram o Senado)*. Brasília: Senado Federal, Coordenação de Edições Técnicas, 2014.

NOGUERA, Renato. Denegrindo a educação: Um ensaio filosófico para uma pedagogia da pluriversalidade. *Revista Sul-Americana de Filosofia e Educação*, n. 18, p. 62-73, out. 2012.

OMAR, Amanda Caline da Silva. Abayomi – rito de origem: performance no espaço escolar. *Anais Abrace*, v. 18, n. 1, 2017.

RAMOSE, Mogobe. Sobre a Legitimidade e o Estudo da Filosofia Africana. *Ensaios Filosóficos*, v. 4, p. 6-24, out. 2011. Disponivel em: http://www.ensaiosfilosoficos. com.br/Artigos/Artigo4/RAMOSE_MB.pdf. Acesso: 3 jun. 2020.

RODRIGUES, Judivânia Maria Nunes. Arte, Contexto e Ginga: A percepção do corpo como processo de formação e ensino. Congresso da Federação dos Arte-Educadores do Brasil – *CONFAEB*, Fortaleza, n. 25, 2015.

SALVADOR, Tiago. *O Teatro e o Ensino de história e cultura afro-brasileira, africana e indígena em sala de aula*: um diálogo possível. Monografia (Conclusão de Curso em História) – Universidade Federal da Paraíba, Guarabira, 2017.

SANTOS, Sales Augusto dos. A Lei n° 10.639/03 como fruto da luta anti-racista do Movimento Negro. *In:* MEC/UNESCO. *Educação anti-racista*: caminhos abertos pela Lei Federal n° 10.639/03. Brasília: SECAD/MEC, 2005.

SILVA, Alissan Maria da. Cultural ou Artístico – Antropológico ou Estético: Performances e o Outro Teatro. Congresso da Federação dos Arte-Educadores do Brasil – *CONFAEB*, Campo Grande, n. 27, 2017.

SILVA, Marcia Regina da. *Artes das Áfricas:* entre a lei e a prática. *Congresso da Federação dos Arte-Educadores do Brasil – CONFAEB*, n. 18, Cariri, 2008.

SILVA, Maria José Lopes da. As Artes e a Diversidade Étnico-Cultural na Escola Básica. *In:* MUNANGA, Kabengele (Org.). *Superando o Racismo na Escola*. Brasília: Ministério da Educação; Secretaria de Ensino Fundamental, 2005.

SILVA, Paulo Vinícius Baptista; RÉGIS, Kátia; MIRANDA, Shirley Aparecida de (Org.) *Educação das Relações Étnico-Raciais*: o Estado da Arte. Curitiba: Ed. Univ. Federal do Paraná, 2018.

SOUZA, Roberlei Batista de; COSTA, Armando João Dalla. O Teatro como estratégia de ensino da História e Cultura afro-brasileira no ensino médio. *In:* SECRETARIA DE ESTADO DA EDUCAÇÃO; SUPERINTENDÊNCIA DE EDUCAÇÃO. *Os desafios da escola pública e o professor PDE*. Paraná, 2013. v. 1.

SOUZA, Rosana Machado de. *Teatro Negro e Educação*: entre políticas e corporeidades. Dissertação (Mestrado) – Escola de Belas Artes, Universidade Federal de Minas Gerais, Minas Gerais, 2016.

UM OLHAR PARA ALÉM DOS MUROS DA ACADEMIA: EPISTEMOLOGIAS PERIFÉRICAS, POR UMA EPISTEMOLOGIA DAS MARGENS E NAS MARGENS

Danielly Mendes dos Santos[1]
Ana Flávia Rezende[2]

INTRODUÇÃO

A produção de conhecimento perpassa diferentes aspectos, ontológicos, epistemológicos e metodológicos. A dinâmica centro-periferia concede aos processos científicos, lógicas sociais distintas, que envolvem um *corte no mundo*. Estes processos no interior de cada uma delas devem estabelecer teorias próprias, que busquem enfatizar as peculiaridades das formas distintas de se conhecer o mundo, que podem incidir na maneira com a qual nós produzimos, recebemos e circulamos o conhecimento.[3]

A dinâmica centro-periferia perpassa diversos aspectos, ao se pensar especificamente a periferia não podemos mais a conceber como um lugar longínquo, que está distante geograficamente de uma posição central, já que é sabido que o distanciamento espacial não é o determinador das rela-

---

1 Mestra em Administração pela UFMG/FACE. Tecnóloga em Gestão de Recursos Humanos pelo Centro Universitário UNA.

2 Doutoranda em Administração na UFMG/FACE. Mestra em Administração pela UFLA.

3 NEVES, 2009.

ções socioespaciais nos espaços urbanos. Faz-se necessário também, compreender a heterogeneidade e a velocidade dos seus fenômenos, e que, não existe uma periferia, outrossim *periferias*, no plural. Deste modo, as periferias são caracterizadas pelos seus diversos contextos, que estão alicerçados nas condições econômicas, políticas e sociais de seus moradores, pela territorialidade, infraestrutura existente e por suas espacialidades.[4]

Os espaços urbanos possuem muitos termos qualificativos, entre todos eles o substantivo "periferia" tem sido largamente empregado em muitas falas. Com certa frequência essa palavra é utilizada para discriminar o espaço onde vivem aqueles que estão à margem da sociedade, os pobres e/ou excluídos. Esse tipo de discriminação é uma investida que tem o intuito de anular a necessidade de pensarmos sobre a complexidade dos arranjos urbanos, espaços que têm sua gênese nos sujeitos, esses mesmos são quem constantemente transformam esses espaços, constroem suas casas, fugindo ao cumprimento das leis regulamentadoras.[5]

Além da utilização banalizada para criar coesão entre espaços extremamente diferentes entre si, a utilização do termo *periferia* tem o efeito de dourar a pílula, é mais agradável utilizá-lo em detrimento do depreciativo *favela*, isto posto, quando não relacionado à criminalidade, o emprego de *periferia* nos discursos serve para descrição do espaço dos marginalizados. Tal definição é mal provida, não sendo capaz de explicar a composição urbana contemporânea. É notório que esse entendimento do que é periferia não está "[...] desprendida da ideia de centro, o que torna o conceito relacional e mutável de acordo com a percepção de quem se posiciona em uma dessas áreas."[6] Ademais, para Pedro,[7] no estudo das relações que ocorrem nesses espaços o que se apreende do senso comum não é proveitoso, é uma repetição, periferia é um local afastado para os pobres e/ou excluídos.

Sendo a periferia um lugar específico, e que nem todos os lugares específicos são periféricos, pensar a partir dela resulta em pensar os projetos globais hegemônicos de outra forma, fazendo com que eles assumam outras características, os ressignificando para fazer sentido na cultura periférica. Significa também, reorganizar os saberes e os discursos da perspectiva crítica. Deste modo, em uma reflexão crítica periférica, a transdisciplinari-

---

4 RITTER; FIRKOWSKI, 2009.

5 FREITAS, 2009.

6 FREITAS, 2009, p. 35.

7 PEDRO, 2007.

dade possui papel fundamental em situar os discursos provenientes das margens e barrar o pensamento totalizante vindo de fora.[8]

A finalidade principal da argumentação deste trabalho consiste na necessidade de um olhar direcionado à periferia. O argumento é que, considerando que as epistemes europeias não são suficientes para explicar a dinâmica sócio-histórica da periferia, defendemos que as pessoas da periferia são iguais – mas diferentes – e que, por isso, precisam ser entendidas conforme a sua própria forma de perceber e conhecer o mundo. Nossa periferia tem endereço, que se associa a um lugar de rejeição, de exclusão e de ausências variadas – mas não somente isso. Para a consolidação desta argumentação, seguimos um percurso teórico que buscará compreender a concepção de uma epistemologia não hegemônica e seus possíveis deslocamentos para a periferia.

Para tal, como pesquisadores negros que teorizam e elaboram um conhecimento baseado em saberes localizados, conduzimos essa discussão com o auxílio da poesia marginal. Fazendo o exercício de, mesmo que em um ensaio teórico, os sujeitos periféricos possam nos ajudar a compreender as dinâmicas da periferia e também suas inquietações sobre a universidade.

REFERENCIAL TEÓRICO

EPISTEMOLOGIA: UMA DISCUSSÃO PRELIMINAR

Foi-se o tempo em que o otimismo epistemológico baseado em Popper[9] e na certeza que o homem pode alcançar a verdade seguindo apenas precisamente os passos delimitados pelo método científico, que a partir de uma pretensa racionalidade derivada do positivismo lógico, buscavam forjar uma ciência logicamente bloqueada e universal.[10] Esta epistemologia que se tornou hegemônica, obteve fortes características baseadas na justificação – validação –, que difundiu o pensamento de que nossas crenças podem ser observadas livremente dos processos históricos e cognitivos pelos quais elas são constituídas. A filosofia da ciência neo-positivista defende, assim, o argumento de autonomia

---

8 NOLASCO, 2012.

9 POPPER, 1972.

10 CALVILLO; FAVELA, 1995.

entre os "contextos" de justificação e de descoberta. Este último, por não ser passível de análise lógica, não poderia, consequentemente, ser objeto da filosofia da ciência. Assim, a epistemologia teria de se dedicar somente ao sujeito epistêmico ideal, com parâmetros ideias de racionalidade, e não dos sujeitos e práticas reais.[11]

Diante das características dessa epistemologia que se pretende hegemônica, a modernidade traduz-se no que é denominado ciência moderna ou, simplesmente, ciência. A obtenção de conhecimento a partir deste dispositivo teórico está fundamentada por intermédio de estudos, pesquisas e comprovações, que ao chegar ao reconhecimento da comunidade científica, concede a ela o *status* de que o conhecimento produzido apresenta a verdade sobre os fenômenos.[12]

Na atualidade até entre aqueles que apoiam a existência de uma verdade evidente, há uma preocupação persistente sobre qual caminho trilhar para atingir o conhecimento objetivo e o que pode e deve ser considerado científico. Ao se deparar com a análise da realidade sócio-histórica em diversos momentos, descobre-se que os fenômenos sociais além de não se encaixarem nos limites disciplinares habituais, colocam em dúvida a possível objetividade do conhecimento e a verdade sobre os fenômenos observados.[13] Acredita-se então que essa verdade pode ser redimensionada, por intermédio de um novo conhecimento, que nos leve a questioná-la, mesmo que este tenha se tornado hegemônico, o que proporciona uma renovação e reformulação constante da ciência.[14]

Diante deste modelo universal de modernidade, e sob o manto de pretensa neutralidade, as ciências sociais se estabeleceram com discursos legitimadores de opções político-econômico-ideológicas. Hoje, trata-se de demandar dos cientistas sociais uma postura diferente, que revele essa história e que abra espaço para o aprendizado contínuo, desestabilizando os discursos que moldaram o pensamento ocidental.[15] Sendo importante salientar que a responsabilidade científica e ética de que qualquer decisão epistemológica e teórica, também é política.[16]

---

11 ABRANTES, 1994.

12 RIOS *et al.*, 2007.

13 CALVILLO; FAVELA, 1995.

14 RIOS *et al.*, 2007.

15 RIBEIRO, 2014.

16 RIBEIRO, 2014; CESAR, 2009.

PENSANDO UMA EPISTEMOLOGIA NÃO HEGEMÔNICA A PARTIR DO DECOLONIAL

Diante da possibilidade de se redimensionar e questionar a verdade produzida por intermédio de um novo conhecimento,[17] outras formas de difusão e elaboração do conhecimento necessitam ser construídas considerando os saberes que estão adiante os muros da academia.[18] Segundo o autor, ao se observar o processo de colonização, saberes desqualificados podem ser recuperados, proporcionando a compreensão de parâmetros e configurações de conhecimento que não recusem novas possibilidades epistemológicas.

De acordo com Gargallo, a epistemologia dominante e seus resultados, sustentam uma norma determinada por um modelo de autoridade que não deve ser questionada, norma que tem como propósito, delinear o comportamento dos sujeitos subjugados pelo processo de colonização e, simultaneamente, acobertar os expedientes utilizados pela sociedade ocidental para diminuir e controlar histórias, suas concepções de mundo e seus direitos.[19] Todavia, a autora salienta que mesmo não concordando com a lógica hegemônica da academia, é de extrema importância abrir o conhecimento a todos para respeitar as diferentes epistemologias existentes, que são fruto de processos históricos distintos.

Mesmo diante da abertura da academia para outras formas de se conceber o conhecimento, a busca por formação acadêmica, contínua a desqualificar diferentes saberes e privilegiar perfis de conhecimento que desconsideram outras possibilidades epistemológicas.[20] Em uma perspectiva decolonial Mignolo contribui para se pensar as produções de conhecimento de uma forma distinta, reiterando que, para a exportação e importação do conhecimento, faz-se necessário um esforço para compreender e distinguir porque as coisas são como são.[21] Ainda segundo o autor, outras escolhas também podem ser feitas, como pensar nas e a partir das margens e a adoção de um pensamento prévio como possibilidade futura de rompimento epistemológico.

---

17 RIOS *et al.*, 2007.

18 CORREA, 2017.

19 GARGALLO, 2014.

20 CORREA, 2017.

21 MIGNOLO, 2003.

Uma renovação epistêmica tende a perpassar diversos aspectos, Gargalo salienta que se faz necessário um debate sobre a economia da dominação e uma nova filosofia política.[22] Este debate se torna indispensável, pois as culturas que legitimam a repressão e o conservadorismo econômico-social são as mesmas que pretendem manter as relações sociais na posse do interesse privado, e a produção do conhecimento de forma a não fomentar novas concepções.

Ao vislumbrar uma luta revolucionária por intermédio da epistemologia, Alcoff defende a produção de um conhecimento libertador.[23] Segundo a autora, a autoridade masculina, o elitismo, o positivismo, o cientificismo e o eurocentrismo devem ser desestruturados para dar lugar a uma nova maneira de se produzir conhecimento. E assim, colocar no cerne das discussões a sistemática da desautorização, que impedem as visões interpretativas dos povos do Sul global, coibindo os embates epistêmicos críticos que podem produzir novas soluções na formulação de novos conhecimentos.

Uma das preocupações da autora está nos excessos destas epistemologias que se propõem críticas e na insuficiência de epistemes reconstrutivas. Portanto, ao realizar debates epistemológicos estes não devem ser enfrentados somente na esfera da metacrítica, pois a luta além de ser política, em última instância deve ser travada na esfera da verdade. Deste modo, a negativa em emprenhar um trabalho que tente reconstruir uma epistemologia que além do ceticismo crítico é denominada pela autora como um *obstáculo epistemológico*.[24]

Isso demonstra que a recusa pós-moderna de uma epistemologia normativa/dominante, atua como um corretivo à manutenção da hegemonia ocidental no domínio da racionalidade e ao individualismo essencialista, mas como um corretivo, ainda foi reacionário, podendo, hoje, irmos além da mera dialética da resposta. Assim, Alcoff diante de uma epistemologia identitária que busca compreender a produção de conhecimento a partir da localização social dos sujeitos, denomina esse progresso epistêmico de projeto de decolonização:

> O projeto de decolonização epistemológica (e a mudança da geografia da razão) requer que prestemos atenção à identidade social não simplesmente para mostrar como o colonialismo tem, em alguns casos, criado identida-

---

22 GARGALO, 2009.

23 ALCOFF, 2016.

24 ALCOFF, 2016.

des, mas também para mostrar como têm sido silenciadas e desautorizadas epistemicamente algumas formas de identidade enquanto outras têm sido fortalecidas. Assim, o projeto de decolonização epistemológica presume a importância epistêmica da identidade porque entende que experiências em diferentes localizações são distintas e que a localização importa para o conhecimento. Nossos argumentos poderão receber críticas de que mais uma vez estamos voltando à política identitária, que somos metafisicamente não sofisticados e politicamente retrógrados, uma crítica que também tem sido brandida da metrópole para as periferias da academia global.[25]

Ao realizar essa reflexão a autora, reitera que diversas formas de se produzir conhecimento têm sido deixadas de lado, sendo rejeitados por uma *epistemologia mestre* que presume o direito de julgar, por exemplo, o conhecimento gerado em diversas localizações culturais e sociais. Este movimento de *descolonizar a epistemologia* propõe ainda, que os saberes tradicionais como os de povos originários, práticas médicas de povos colonizados e os saberes das parteiras, sejam alvo de uma reflexão profunda sobre a localização cultural e social de um conhecimento dito específico e não universal, como se pretende em uma episteme hegemônica.[26]

Deste modo, a epistemologia Decolonial ou Epistemologias do Sul, se tornam uma metáfora do silenciamento de culturas e povos que foram dominados pelo colonialismo e capitalismo, que não pode se basear em um universalismo abstrato, mais sim no diálogo entre diferentes projetos epistêmicos, críticos, éticos e políticos. Esta epistemologia pretende, então, a retomada dos saberes e práticas dos povos que, por causa dos processos coloniais e do capitalismo, foram histórico e sociologicamente colocados no lugar de simples objetos ou matéria prima dos saberes ditos dominantes.[27]

---

25 ALCOFF, 2016, p. 136.

26 ALCOFF, 2016.

27 BERTAGNOLLI, 2015.

DESLOCAMENTOS EPISTÊMICOS PARA AS PERIFERIAS

TERRITÓRIOS PERIFÉRICOS

> *[...] o menino corre, corre, corre*
>
> *faz seus corres, corres, corres ...*
>
> *podia ser até flecha, adaga, lança*
>
> *mas é lançado fora*
>
> *vive sempre pelas margens*
>
> *na quebrada do menino passa nem*
> *ônibus pro centro da capital*
>
> *isso me parece um sinal*
>
> *é tipo uma demarcação de até*
> *onde ele pode chegar [...]*
>
> *Luz Ribeiro, Menimelimetros*

Ao propor uma epistemologia que pense a periferia a partir das suas especificidades, compreende-se que esta precisa romper com as normas hegemônicas da produção do conhecimento, como abordado no tópico anterior; mas é preciso também ampliar a lente sobre as diversas configurações desta e como ela se insere em diferentes contextos. Pensar a periferia é pensar as suas diferentes dinâmicas, que perpassam o território, a segregação, a cultura e ausências variadas.

A dinâmica territorial diz respeito às diversas formas dos sujeitos se organizarem para ocuparem os territórios. Este, entretanto, não está impreterivelmente associado a propriedade da terra, mas à sua apropriação. O território significa então, o espaço apropriado, territorializado, estando implicado nas relações entre homens-homens e sociedade-natureza. Como resultado dessas relações, ele é espaço de ação e de poder.[28]

Segundo os autores supracitados, o processo de produção do espaço e, consequentemente do território, perpassa aspectos distintos. Estes ligados aos atores sociais e como eles se relacionam e se organizam em relação ao território. Deste modo, a territorialização é resultante do conceito de território, que se dá pelo processo de apropriação do espaço,

---

[28] DALLABRIDA; FERNANDEZ, 2007.

podendo também ser compreendido como processos simultâneos de apropriação e desapropriação dos territórios.[29]

Profundamente ligado às dinâmicas territoriais, o processo de segregação social foi instituído essencialmente por múltiplos fatores. Tais processos estão inseridos no sistema de globalização, do qual as alterações em escala mundial atingem espaços que configuram o território dos sujeitos excluídos. Relacionados com o funcionamento global das sociedades, esses fatores são de ordem macro e de natureza estrutural, sendo eles: modelo de desenvolvimento, imposições do sistema financeiro, tipo de sistema econômico, estrutura e características das relações econômicas internacionais e estratégias transnacionais.[30]

A maneira como se dá o planejamento urbano no Brasil, a forma como é empreendida a infraestrutura, não só de moradia, mas também de transporte e outros meios de consumo coletivo, não considera as desigualdades sociais, portanto, a alteração das dinâmicas de composição social provocadas por esse planejamento não soluciona os problemas do desenvolvimento. Como escreveu Santos o gasto público voltado para o urbanismo da cidade interessa aos agentes socioeconômicos hegemônicos, algumas atividades continuam a crescer enquanto a população se empobrece e observa a degradação de suas condições de existência: "A cidade em si, torna-se criadora da pobreza, tanto pelo seu modelo socioeconômico, como por sua estrutura física, que faz dos habitantes das periferias pessoas ainda mais pobres."[31] E são nesses espaços deteriorados que os trabalhadores não podem se tornar invisíveis ao retornarem do trabalho, ali a existência deles é percebida.[32]

Para se compreender a cidade e as práticas segregacionistas territoriais Canettieri a partir de uma visão marxiana, salienta que o desafio fundamental é entender a cidade a partir das práticas sociais.[33] Deste modo, concentrar nas vítimas da segregação, dos que são privados de uma nova vida urbana "(im)possível" e dos expulsos da cidade tradicional. O autor ainda suscita o questionamento provocando o porquê

---

29 DALLABRIDA; FERNANDEZ, 2007.

30 BERTAGNOLLI, 2015.

31 SANTOS, 2008, p. 10.

32 RODRIGUES, 2007.

33 CANETTIERI, 2017.

se pensar a cidade desde as periferias, evidenciando que esta deve ser uma questão central a ser abordada por diversas disciplinas.

Defendendo a importância desta periferia na vida urbana, Roy afirma que seu conceito é plurivalente, isto é, em uma concepção ampla ele significa aquela parte da cidade cujo urbanismo foi ignorado.[34] Por periferia, a autora também compreende o espaço entre fronteiras, onde a lógica do desenvolvimento e as suas trajetórias caracterizam um lugar que não é o centro. Se por um lado a periferia é um espaço produzido pela reestruturação urbana, controle, fluxo de capital, por outro, é uma fonte inesgotável de possibilidades, inovação e adaptação, que constantemente desestabiliza o centro.

A representação da periferia se dá de diversas formas. Uma delas está inscrita no urbano, onde o espaço periférico se caracteriza por possuir habitações construídas irregularmente, sem planejamento urbano, sem arruamentos, sem saneamento básico, água, luz, transporte etc. Outra representação popular da periferia é de um lugar sem regras, sem ordem, sem moral, sem o exercício[35] da cidadania, sem direitos. A periferia então se apresenta como o lugar da carência, da falta, do vazio, que deve ser preenchido pelos "sentimentos humanitários".

Além do "sem", segundo Noronha, outra representação usual da periferia é de sua homogeneidade.[36] Diante do uso singular da palavra, ela passa a ser representada por todos esses espaços, como se estes fossem iguais e unitários. A homogeneização da imagem da periferia reforça a tese de que a cidade é partida, a periferia representa *a outra metade da cidade*. Assim, quem nunca adentrou a periferia, acaba por acreditar que é um lugar marcado unicamente pela pobreza e violência, esquecendo-se que estes aspectos estão presentes em outros espaços que não a periferia.[37]

Ainda nesta perspectiva, Aguiar e Passos ressaltam que as periferias são territórios habitados há muito tempo, mas que frequentemente é retratado como um lugar de falta ou carência cultural.[38] Essa representação atua como uma síntese das diversas fragilidades presentes na periferia, e que sugerem como são inadequados as atitudes e hábitos

---

34 ROY, 2011.

35 NORONHA, 2017.

36 NORONHA, 2017, p. 31.

37 VALADARES, 2005.

38 AGUIAR; PASSOS, 2013.

de seus moradores. Essa concepção segundo o autor está presente nos discursos mais conservadores, que por vezes, vislumbram a figura do Estado com a "salvadora" desses territórios. Este entendimento demonstra o quanto às marcas dos percursos colonizadores e civilizatórios estão presentes, nos quais as manifestações populares foram meticulosamente silenciadas e desqualificadas.

São nos territórios marginalizados onde são formadas as periferias, mas contrariando a própria etimologia do termo, esses territórios estão no coração dessa sociedade erguida sob a égide do mito da democracia racial. Esse mito enraizado no Brasil não é útil apenas à supressão da identidade negra, serve também para negar o necessário enfrentamento do racismo no país.[39] Uma das marcas desse conflito racial é refletida nessa segregação espacial, onde as periferias em todo o território nacional são ocupadas majoritariamente pela população negra. Diante desses fatos, Flauzina argumenta que as favelas e as periferias são efeitos dessa segregação, algo que opera com bastante sutileza nos discursos predominantes.[40]

As inquietações e os confrontos que derivam das diferentes visões conferidas às cidades estão contidas nesses discursos.[41] Entender o sentido destes espaços, favela e periferia, exige que consideremos a memória de seu surgimento, emanada do abolicionismo no Brasil. Tanto a exclusão socioeconômica quanto a racial, são resultados "[...] de uma sociedade constituída a partir da sobreposição de classes pelo viés da desigualdade econômica."[42]

POR UMA EPISTEMOLOGIA PERIFÉRICA

Perante as múltiplas configurações da periferia, traçar uma epistemologia que dê conta da sua multiplicidade, requer a compreensão dos seus fenômenos e dos sujeitos que compõe esse espaço. Segundo Calvillo e Favela existem eventos políticos, sociais e econômicos que se modificam com o passar do tempo, provocando mudanças que criam uma nova ordem.[43] Estes fatos podem ser inéditos ou não, assim a aleatoriedade e a singularidade destes eventos, compreende analisar

---

39 FLAUZINA, 2008.

40 FLAUZINA, 2008.

41 IVO, 2010.

42 REIS, NUNES, 2015, p. 9.

43 CALVILLO; FAVELA, 1995.

a realidade como possibilidade, recuperando suas variadas dimensões. Isto significa que qualquer resposta que tente reduzir estes eventos a um único processo, ou a qualquer um dos seus processos, no sentido de apenas de uma das suas particularidades, é parcial e, portanto, pouco explicativo. Diante de momentos marcados por grandes transformações, o grande desafio se torna compreender a realidade a partir da sua conjuntura, das suas possibilidades, e entender que não é possível transformar o conteúdo dessas conjecturas em uma só teoria.

Com base neste aspecto, entende-se que a periferia está constantemente em mudança. O sistema mundial coloca os espaços periféricos em contínua transformação, o tornando um lócus relevante, cuja força, entretanto, está residindo, agora, majoritariamente na cultura e na esfera epistêmica.[44] Ao analisar as periferias do leste europeu e da América Latina, a autora supracitada afirma que estes territórios periféricos tem colocado no sistema mundial campos políticos e contextos institucionais distintos, que estiveram presentes no passado e na atualidade, servindo de argumento para a análise da continuidade das epistemologias produzidas nas periferias, nos proporcionando a compreensão de como novas tentativas epistêmicas podem se tornar antissistêmicas hoje.

Discutir o urbanismo para propor uma epistemologia e metodologia não hegemônica, que analise as produções do sul global é uma das inquietações de Roy ao observar o que a autora chama de "urbanismo subalterno".[45] Neste contexto, a autora salienta que as formas pelas quais as cidades do sul são estudadas e representadas, essas deveriam compreender também a teorização da megacidade e dos espaços e classes subalternas. O urbanismo subalterno teorizado pela autora compreende, então, que é importante entender a periferia/favela como um terreno de subsistência, política e habitação, que busca conferir reconhecimento aos espaços desqualificados e as formas de ação popular, que constantemente são negligenciados e invisibilizados na teoria urbana.

Ainda refletindo sobre o reconhecimento do conhecimento produzido pela periferia e seus aspectos negligenciados Boactã evidencia posições estruturais atuais do centro e da periferia.[46] Essa dinâmica espelha as atividades econômicas e políticas dentro da divisão internacional do trabalho, mas também as divisões epistemológicas entre o que são consideradas nas

---

44 BOATCÃ, 2006.

45 ROY, 2011.

46 BOACTÃ, 2006.

perspectivas eurocêntricas de conhecimento, sociedades "desenvolvidas" e "subdesenvolvidas", que as práticas de "desenvolvimento do ocidente" ajudaram a colocar em ação. Dessarte, a expansão da economia mundial capitalista, teve papel fundamental na produção de afirmações sobre a verdade, que apoiaram a legitimação da lógica do sistema, que caracteriza a periferia em oposição ao denominado "normal" no padrão do ocidente, o que justifica a política intensa de intervenção nas periferias.

Este padrão ocidental de desenvolvimento trata a periferia como o outro, como subdesenvolvida e atrasada, e que utiliza da exploração e da dominação como forma de justificação em nome de uma "missão civilizatória". As áreas periféricas então se caracterizam por demonstrar os sucessos destes projetos globais que, seja pela missão civilizatória, pela cristianização ou pelo neoliberalismo, representaram um silenciamento em termos de produção de conhecimento, controlado e definido pela Europa ocidental e pela América do norte.[47]

As posições intermediárias dos sistemas mundiais foram submetidas a diversas tendências contraditórias, que mesmo com este enfoque, estimulará seu desenvolvimento social e econômico. Historicamente, esta conjuntura significou o beneficiamento de duas condições, a primeira delas diz respeito como o centro teve que experimentar também situações de dominação econômica e política semelhantes às da periferia, enfrentando a necessidade do desenvolvimento de soluções práticas e teóricas para ele. Em segunda instância, a periferia não foi um espaço de visibilidade na produção de conhecimento, onde as áreas periféricas não desfrutavam de projetos intelectuais. As práticas discursivas do centro ilustram então como a posição contrária a epistemologia vinda da periferia, foi construída como um lócus de irracionalidade, barbárie e misticismo.[48]

O conceito de periferia de acordo com Roy reside na promessa e na sua capacidade de transcender a localização territorial, para demonstrar e questionar a agência e as condições de produção do conhecimento.[49] Para exemplificar essa condição a autora destaca como a periferia também se torna uma plataforma para políticas urbanas, onde o "*status* periférico" pode ser usado como vantagem. No entanto, ela salienta que isto não é um hábito daqueles que ali estão inseridos, podendo ser utilizado por atores e forças mais poderosas. O *rap* é uma dessas

---

47 BOACTĂ, 2006.

48 BOACTĂ, 2006.

49 ROY, 2011.

estratégias traçadas por jovens das periferias que utilizam da música para produzir uma poderosa crítica social. Deste modo, ao questionar a agência e as condições de produção do conhecimento, também estabelece um não-diálogo e uma não negociável distância entre brancos e negros, pobres e ricos e centro e periferia.

A produção cultural da periferia também possui papel importante no debate sobre uma teoria que se propõe crítica: o discurso da diferença que estabelece uma espécie de política das minorias. As diferenças culturais invocam um modo imperativo para o teórico cultural, isto consiste em criar um quadro conceitual que redefina o papel das minorias, no que se era denominado terceiro mundo na reordenação universal da cultura.[50]

Seguindo uma perspectiva pós-colonial Prysthon afirma que a conformação da cultura contemporânea e na crítica, o lugar do periférico está bastante diferenciado em contraste com as disciplinas mais tradicionais.[51] Diante da multiplicidade desse espaço, mesmo que outras teorias e estéticas já tenham questionado conceitos como de identidade, representação, colonização, hibridismo, ocidente, oriente, nos estudos pós-coloniais esses princípios são colocados em um quadro de referências que, ao invés de meramente mudar ou descartar hierarquias e termos, vai contestá-los na sua essência, criando possibilidades de continuidade e utilidade da sua construção.

É neste contexto de transformação e construção de conceitos próprios dos espaços periféricos e na tentativa de ultrapassar os estigmas sociais deste território, que a periferia/favela tem sido caracterizada a partir de distintas perspectivas. Deste modo, este espaço periférico deverá ser enxergado como uma fonte de oportunidade e não somente como um problema.[52]

Desse modo, a configuração das cidades assemelha-se ao passado, nos centros as Casas Grandes, nas regiões periféricas as senzalas e, exceptuando-se alguns poucos casos, as mesmas pessoas continuam alocadas nos mesmos lugares. E essa não é uma situação de coesão entre todos os agentes, favelas e periferias são espaços onde existem processos próprios de inserção e convívio, operado por diferentes pessoas, a partir de um universo de movimentos culturais que empenham-se em

---

50 PRYSTHON, 2003.

51 PRYSTHON, 2003.

52 NORONHA, 2017.

acabar com a falta de visibilidade dos espaços sobre os quais discutimos, que resulta na falta de atenção do poder público.[53] Reis e Nunes observam que os sujeitos que lutam pelo reconhecimento da favela e da periferia têm uma luta contra obstáculos históricos, responsáveis pela marginalização e exclusão de pessoas que assim estão por não terem seus espaços reconhecidos.[54]

Nesta conjectura, o conceito de entre-lugar vai ser importante para entender o que acontece na contemporaneidade periférica, pois em certa medida isso surge dos conflitos vivenciados nas margens. O entre-lugar seria desta forma um espaço em essência periférico, que seria o cenário por primazia para encenar os diversos conflitos político-culturais da contemporaneidade. Assim, uma dimensão importante da teoria crítica da cultura tem sido o debate sobre o descentramento identitário ocorrido na pós-modernidade.[55] A teoria periférica então tem desestruturado por intermédio de uma crítica as maneiras mais tradicionais de se posicionar teoricamente o problema da diferença. A pós-modernidade favoreceu uma tendência de interpretação da realidade periférica que se não é substancialmente novo, ao menos se mostra mais aberto, multivalente aos esquemas binários (metrópole/colônia, centro/periferia etc.).[56]

Estas dicotomias históricas são abordadas por Mignolo como um discurso que a epistemologia colonial impôs ao mundo, inventando diferenças coloniais.[57] A crítica na direção do intelectual contemporâneo, para o autor, deveria extinguir do seu vocabulário qualquer proposta dicotômica, especialmente, porque no discurso colonial moderno, não se fez nada além de encher o mundo de dicotomias. Deste modo, centro e periferia, dentro e fora, são metáforas falsas que contam mais sobre o lócus de enunciação, do que sobre a ontologia do mundo. O que se deve haver é uma crítica periférica que cujo pensamento transforme a subalternização dos saberes, no qual as dicotomias sejam extintas em favor de outra epistemologia que pense nas e a partir das margens periféricas do mundo.

---

53 ALMEIDA, 2010.

54 REIS; NUNES, 2015.

55 PRYSTHON, 2003.

56 PRYSTHON, 2003.

57 MIGNOLO, 2003.

CONSIDERAÇÕES FINAIS

[…] quando "ceis" citam
quebrada nos seus tcc's e teses

"ceis" citam as cores das paredes
natural tijolo baiano?

"ceis"citam os seis filhos
que dormem juntos?

"ceis" citam o geladinho que é
bom só por que custa 1,00?

"ceis" citam que quando vocês
chegam pra fazer suas pesquisas

seus vidros não se abaixam?

.... num citam, num escutam

só falam, falácia!

é que "ceis" gostam mesmo do
gourmet da quebradinha

um sarau, um sambinha, uma coxinha

mas entrar na casa dos menino

que sofrem abuso de dia

não cabe nas suas linhas

suas laudas não comportam os batuques
dos peitos laje vista pro córrego

seu corretor corrige a estrutura
de madeirite […]

Luz Ribeiro, Menimelimetros

Propor uma epistemologia que pense a periferia em todas as suas particularidades, requer pensar da fronteira, ou neste caso, pensar a partir da periferia, significa então poder pensar adiante do conceito moderno de teoria. Por conseguinte, pensar além destes conceitos modernos implica em poder pensar a partir da própria epistemologia que surge na periferia, essa fronteira anônima, silenciosa, e esquecida pelo olhar imperial e colonizador lançado dos centros hegemônicos do país e de fora.[58]

---

58 NOLASCO, 2012.

Nesta perspectiva, o presente trabalho pretendeu demonstrar que considerando que as epistemes europeias não têm competência para explicar a dinâmica sócio-histórica da periferia, há a necessidade de se propor uma epistemologia que compreenda as pessoas e os fenômenos da periferia conforme a sua própria forma de perceber e conhecer o mundo.

As epistemologias que se pretendem hegemônicas como discutido no texto, que possuem fortes características baseadas na justificação, foram responsáveis pelo silenciamento e invisibilização de outros saberes produzidos no mundo. Teorizar a partir das e nas margens, significa também romper com estas epistemologias, que continuam a perpetuar uma pretensa neutralidade, utilizando diversas estratégias, uma delas ao se observar os saberes produzidos na periferia do mundo, está alicerçada em um discurso conservador. Produzir um conhecimento que esteja coerente com as diferentes dinâmicas da periferia, sendo elas econômicas, sociais, territoriais e culturais, implica em adotar uma postura crítica que não necessariamente, esteja enraizada nas formas hegemônicas de se construir e difundir o conhecimento.

Baseadas nessas reflexões compreendemos que além de produzir um conhecimento que busque entender como os sujeitos da periferia concebem o mundo, uma epistemologia periférica deve também atentar às suas especificidades, tendo o cuidado de não universalizar os conceitos, já que não estamos falando de uma periferia no singular e sim de periferias, que possuem dinâmicas sócio-históricas distintas, e que em algum momento possuem aspectos que se intercruzam.[59]

Enfatiza-se que ao se propor uma episteme que seja antissistêmica e que busque romper com o pensamento homogeneizador da produção de conhecimento, o teórico crítico assume uma responsabilidade ética e política, não sendo somente reprodutor de uma teoria, mas sim de como o mundo vai conhecer e conceber está parte do mundo: a periferia.

Diante disto, o morro, como são denominadas as periferias do Brasil, e o asfalto, como são denominados os lugares não periféricos na cidade, são provocados a não continuarem de lados opostos. Assim, suscita-se pensar uma epistemologia que não olhe para o morro de uma forma distante, mas sim uma episteme que compreenda sua dinâmica e que busque juntamente com os sujeitos ali presentes, a valorização dos saberes ali produzidos. Destarte, que nós pesquisadores produzamos uma epistemologia concebida no e para o morro, e não

---

59 SANTOS, 2020.

somente para o asfalto. Que possamos decolonizar a nossa forma de produzir conhecimento, saindo da nossa zona de conforto, extrapolando os muros invisíveis da universidade e da cidade, e produzindo um conhecimento-outro.

REFERÊNCIAS

ABRANTES, P. Naturalizando a epistemologia. *In:* ABRANTES, P. (Org.). *Epistemologia e Cognição.* Brasília: Editora UNB, 1994. p. 171-218

AGUIAR, K.; PASSOS, P. Cultura e Periferias – uma política (im)possível? *In:* DANTAS, A.; MELLO, M. S.; PASSOS, P. (Orgs.). *Política Cultural com as Periferias:* práticas e indagações de uma problemática contemporânea, Assis: Storbem: 2013. p. 11-20

ALCOFF, L. Uma epistemologia para a próxima revolução. *Sociedade e Estado,* Brasília, n. 1, v. 31, p. 126-143, jan./abr. 2016.

ALMEIDA, M. R. *Favela, arte e juventude: pensando a relação entre ações artístico-culturais e identidade no Aglomerado da Serra em Belo Horizonte.* Dissertação (Mestrado em Ciências Sociais) – Pontifícia Universidade Católica de Minas Gerais, Belo Horizonte, 2010.

BERTAGNOLLI, G. L. Da Colonialidade à Descolonialidade: Diálogos de Ciências a Partir de uma "Epistemologia Do Sul" - Uma Análise de Comunidades Quilombolas. *Revista Grifos,* Chapecó, v. 24, n. 38/39, p. 231-241, 2015.

BOATCĂ, M. Semiperipheries in the World-System: Reflecting Eastern European and Latin American Experiences. *Journal of World-systems Research*, v. 12, n. 11, p. 321-346, 2006.

CANETTIERI, T. Paralaxe, negatividade e periferia: rumos para uma metacrítica da economia política do espaço. *Colóquio Internacional Marx e o Marxismo*, 1, 2017. *Anais…* RJ: NIEPMARX/UFF, 2017.

CAVILLO, M. FAVELA, A. Los nuevos sujetos sociales: una aproximación epistemológica. *Revista Sociológica*, Cidade do México, v. 10, n. 28, 1995.

CESAR, M. R. A. Gênero, sexualidade e educação: notas para uma "Epistemologia". *Educar em Revista*, Curitiba, n. 35, p. 37-51, 2009.

CORREA, D. A. Entre hegemonias, saberes subalternos e possibilidades epistemológicas. *Cadernos de Linguagem e Sociedade*, Brasília, v. 18, n. 3, p. 219-235, 2017.

DALLABRIDA, V. R.; FERNANDEZ, V. R. Redes institucionais de apoio ao desenvolvimento territorial: estudo de caso a partir da análise da dinâmica territorial do desenvolvimento de um âmbito espacial periférico (Sarandi/RS/Brasil). *Territorios*, Bogotá, n. 16/17, p. 225-248, 2010.

FLAUZINA, A. *Corpo Negro Estendido no chão:* o sistema penal e o projeto genocida do Estado brasileiro. Rio de Janeiro: Contraponto, 2008.

FREITAS, G. B. A cultura na (da) periferia e a periferia na (da) mídia. *Políticas Culturais em Revista*, Salvador, v. 2, n. 2, p. 34-49, 2009.

GARGALLO. F. *Las deias feministas latino-americanas*. Cidade do México: Universidade da Cidade do México, 2009.

GARGALLO. F. *Feminismos desde Abya Yala:* ideas y proposiciones de las mujeres de 607 pueblos en nuestra América. Ciudad de México: Corte y Confección, 2014.

IVO, A. B. L. Uma periferia em debate: questões teóricas e de pesquisa. *Caderno CRH*, Salvador, v. 23, n. 58, p. 09-15, 2010.

MIGNOLO, W. D. A. *Histórias locais /projetos globais:* colonialidade, saberes subalternos e pensamento liminar. Belo Horizonte: UFMG, 2003.

NEVES, F. M. A diferenciação centro-periferia como estratégia teórica básica para observar a produção científica. *Revista de Sociologia e Política*, Curitiba, v. 17, n. 34, p. 241-252, 2009.

NOLASCO, E. C. Paisagens da crítica periférica. *Cadernos de Estudos Culturais*, Campo Grande, v. 4, n. 8, p. 39-54, 2012.

NORONHA, N. S. *Multiplicidades da Favela.* Tese (Doutorado) – Fundação Getúlio Vargas, Escola de Administração de Empresas, São Paulo, 2017.

PEDRO, T. M. G. É o fluxo: "baile de favela" e funk em São Paulo. *Revista de Antropologia e Arte*, Campinas, v. 2, n. 7, 115-135, 2017.

POPPER, K. A lógica da pesquisa científica. São Paulo: Cultrix, 1972.

PRYSTHON, A. Margens do mundo: a periferia nas teorias do contemporâneo. *Revista Famecos*, Porto Alegre, v. 10, n. 1, p. 43-50, 2003.

REIS, D. C.; NUNES, F. Da Favela ao Estado: segregação e espaços de resistências do negro no Brasil. *Congresso Baiano de Pesquisadores Negros*, n. 5, Jequié, 2015. *Anais...* JE: Universidade Estadual do Sudoeste da Bahia, 2015.

RIBEIRO, A. M. Por uma razão decolonial Desafios ético-político-epistemológicos à cosmovisão moderna. *Civitas*, Porto Alegre, v. 14, n. 1, p. 66-80, 2014.

RIOS, E. R. G.; FRANCHI, K. M. B.; SILVA, R. M.; AMORIM, R. F. COSTA, N. C. Senso comum, ciência e filosofia: elo dos saberes necessários à promoção da saúde. *Ciência & Saúde Coletiva*, v. 12, n. 2, p. 501-509, 2007.

RITTER, C. FIRKOWSKI, O. L. C. Novo Conceitual para as Periferias Urbanas. *Revista Geografar*, Curitiba, p. 22-25, 2009.

RODRIGUES, A. M. Desigualdades Socioespaciais: a luta pelo direito a cidade. *Revista Cidades*, Rio Claro, v. 4, n. 6, p. 73-88, 2007

ROY, A. Slumdog Cities: Rethinking Subaltern Urbanism. *International Journal of Urban and Regional Research*, v. 35, n. 2, p. 223-238, 2011.

SANTOS, D. M. *"NÃO VAI TOCAR FUNK, NÃO, NE?!"*: gênero e subjetividades negras periféricas no organizar do Baile da Serra. Dissertação (Mestrado em Administração) – Universidade Federal de Minas Gerais, Belo Horizonte, 2020.

SANTOS, M. *A urbanização brasileira*. São Paulo: Edusp, 2018.

VALLADARES, L. *A invenção da favela:* do mito de origem a favela.com. Rio de Janeiro: FGV, 2005.

EXPULSOS DO PARAÍSO: POLÍTICAS DE REFRAÇÃO À POPULAÇÃO MULATA NA ORIGEM DAS MINAS GERAIS

Hilton César de Oliveira[1]

O Brasil é o inferno dos negros,
purgatório dos brancos e paraíso
dos mulatos e das mulatas.
André João Antonil

O contexto histórico que será aqui retratado é o momento da fundação institucional da Capitania de Minas Gerais, ocasião em que por aqui os mecanismos de controle da Coroa manifestavam relativa estabilidade, no interregno de 1719 a 1732. Relativa porque a mestiçagem produzida pela forte presença da escravidão que permeou todo o processo colocava em xeque o modelo de "boa sociedade" preponderantemente branca. Os mestiços, em sua grande maioria, fruto da aproximação entre brancos, negras e mulatas produziram instabilidade política quando estes tendiam a se comportar socialmente como se fossem brancos, em uma sociedade em que a cor da pele era um instrumento seminal de distinção social.

No horizonte de expectativa das autoridades da Coroa aqui estabelecidas, em consórcio com os principais da terra e com o Conselho Ultramarino, fazia-se necessário tolher as uniões em que se produzissem essa prole "indesejável", como forma de equacionar os desvios de um modelo de sociedade "ideal". Sendo assim, o grande desafio colocado aos que detinham mando na capitania de Minas Gerais por aqui

---

1 Universidade Estadual de Minas Gerais (UEMG), Faculdade de Educação, Campus BH.

ou além-mar era criar impedimentos à expansão da população mestiça. Com isso toma corpo o uso de uma pedagogia esponsalícia baseada em uniões legitimas, referendadas por matrimônios entre brancos, como modo de correção ao iminente perigo de se consumar

> Uma das maiores ruínas que está ameaçando essas Minas, é a má qualida-
> de de gente de que elas se vão enchendo, porque dos esses povos vivem
> licenciosamente sem a obrigação de casados, vai havendo nelas tão grande
> de quantidade de mulatos... [2]

Esses procedimentos estavam previstos nas Constituições Primeiras do Arcebispado da Bahia,[3] sobretudo, na execução das visitas pastorais e das devassas eclesiásticas.[4] Mas vale lembrar que o cumprimento das disposições do Sínodo da Bahia de 1707, era ajustado em consonância às necessidades inerentes à cada região, se no caso da capitania de Minas Gerais o problema era as uniões "ilícitas" entre brancos, negras e mulatas, atenção especial era dada ao combate ao concubinato ou uniões livres. Nesse sentido, os bispos responsáveis pela região das Minas, ao redigirem suas pastorais[5] davam especial atenção aos problemas peculiares em suas dioceses, por intermédio de instrumentos pedagógicos pelos quais deviam aplicar correições contra os desviantes. É nesse momento que o catecismo associado à condenação às uniões livres ganha destaque, por ser um problema a ser combatido, posto que se objetivava a união entre brancos, por intermédio do matrimônio – produzindo por consequência – prole legítima como consequência natural. Em 1722, o então governador da capitania de Minas Gerais, dom Lourenço da Almeida informava ao rei de Portugal, dom João V que:

---

2 *Revista do Arquivo Público Mineiro (RAPM)*, Belo Horizonte, ano XXXI, 1980, p. 112-113.

3 Em matéria eclesiástica eram as Constituições Primeiras do Arcebispado da Bahia, o principal arbítrio a ser observado nas dioceses da América Portuguesa e Angola. Há uma exceção quanto ao bispado do Pará, que estava submisso à Arquidiocese de Lisboa.

4 FEITLER; SOUZA, 2011.

5 As pastorais constituíam-se em visitas periódicas às paroquias sob a jurisdição de um determinado bispo. Ele poderia fazê-la pessoalmente, ou poderia encarregar algum clérigo de sua confiança nessa tarefa. Além das questões comportamentais da comunidade (dentre as quais se inclui a prática do concubinato) verificava-se também as condições de asseio dos templos, se os clérigos locais observavam suas tarefas sacerdotais, dentre outros.

> Todos os delitos que haviam se sucedendo nas Minas se evitaria se a maioria dos moradores das vilas, fossem casados, porque esses sempre vivem com mais sossego, atendendo a conservação de suas famílias e da terra aonde a querem perpetuar, e não só dão exemplo aos mais senão de algum modo obrigam a procederem bem.[6]

Necessário destaque deve ser dado ao modo de como essa cultura educativa, preocupada com a constituição de uma hegemonia branca na capitania, se processava. Ela era moldada sobre formas educativas dialógicas,[7] cuja principal norma é a adaptação às condições locais.[8] Nesse sentido, as autoridades eclesiásticas que visitavam as diversas localidades da Comarca do Rio das Velas, com as cartas pastorais embaixo do braço – com firme propósito de fazer o que os bispos ordenavam – acabavam por transferir aos moradores principais – digam-se os brancos – a incumbência de denunciar, aqueles que sabidamente a comunidade conhecia como desviantes à fé oficial. Aqueles que não se sujeitavam ao catecismo diocesano, os quais muitas das vezes se incluía o próprio clero local.

A cultura educativa da não-miscigenação era contraposta à instabilidade produzida pela alta proliferação de mulatos e pardos, posto que feria o principal cariz da nobreza branca da terra: a distinção. Os mestiços subvertiam esse modelo, porque a principal condição para ser nobre da terra era ser branco – o que não implicavam algumas exceções – e muitos ao alcançarem a condição de forros e por disporem de riquezas, adotavam o modo de vida dos brancos, servindo-se de todos os instrumentos ao seu alcance para se distinguirem, fazendo uso das riquezas eventualmente herdadas de seus pais brancos ou mesmo obtidas de seus próprios negócios. Como bem notou o capitão mor da vila de Pitangui: "Quem dinheiro tiver fará o que quiser."[9]

---

6 Tal documento pode ser encontrado na *Revista do Arquivo Público Mineiro*, ano XXX, 1979, p. 110.

7 Entende-se por práticas educativas dialógicas aquelas que adquirem forte feição etnográfica, porque são precedidas por uma "descrição densa" de uma dada comunidade, como forma de compreendê-la e só então agir sobre ela procurando corrigir os desvios frente aos cânones religiosos de forma catequética.

8 RAMOS, 1995.

9 SOUZA, 2006, p.148.

CONTEXTUALIZAÇÃO: O PANO DE FUNDO

A colonização da área compreendida pelo atual Estado de Minas Gerais teve início com o deslocamento populacional originado do reino, do nordeste da América Portuguesa, sobretudo, a partir do recôncavo baiano e de São Paulo, cujos bandeirantes assumiram seu protagonismo.[10] Tão logo se dá notícia das descobertas das primeiras lavras de ouro é grande o fluxo migratório para a região, e os primeiros núcleos populacionais são erigidos em curto espaço de tempo. O ativo demográfico deslocado para o que viria a ser a partir de 1720, a capitania de Minas Gerais era em sua grande maioria homens, fossem eles cativos ou não. Em se tratando dos reinóis, esses vinham com o desejo de se enriquecerem o mais rápido possível para voltarem à Portugal, mas muitos deles acabaram permanecendo por aqui.[11]

Eram para esses últimos os quais a administração da Coroa volvia seus olhos, por serem considerados os responsáveis pela instabilidade nas Minas, devido seu comportamento insubordinado e dados à lascívia por se aproximarem das negras, mulatas e índias, por isso serem pouco afetos ao casamento. Sobre tal situação dom Lourenço de Almeida, então governador das Minas, manifestou do seguinte modo:

> Tudo se evitaria se grande parte dos moradores dessas vilas fosse casada, porque estes vivem sempre com mais sossego, atendendo a conservação de suas famílias e da terra aonde a querem perpetuar [...] Os poucos casados que há nessa terra são muito mais trabalhadores em desentranharem ouro da terra, do que estes solteirões que só levam o tempo em cuidarem de extravagâncias.[12]

Devido a esse fato torna-se imperativa a constituição de famílias convencionais, por intermédio do sacramento do matrimônio, realizado entre brancos, que pudessem ampliar mais rapidamente a fixação dos colonos à terra. Isto porque o casamento na colônia, via de regra já era difícil, em virtude da pouca oferta de mulheres brancas aptas ao enlace matrimonial, e das altas somas que deveriam ser despendidas para a sua consecução. Esse ponto em particular constitui-se em algo com que se deliciaram os historiadores demógrafos, que a partir daí puderam traçar

---

10 ANTONIL, 1982.

11 HOLANDA, 2015.

12 Sobre haverem casamentos nessas Minas. *Revista do Arquivo Público Mineiro*, ano XXXI, 1980, p. 110-111.

um perfil pormenorizado da família mineira setecentista fora do modelo convencional,[13] servindo-se para isso de farta documentação paroquial.

Não havendo um considerável número de casamentos sacramentados pela Igreja, posto que os pais, em sua grande parte brancos, optassem por uniões livres realizadas com negras, mulatas e índias. Esse tipo de uniões produzia uma prole ilegítima quase sempre afastada da presença paterna, posto que, esses pais acometidos pela febre do ouro, andavam sempre daqui e dali a procura de novas lavras. Com isso tem-se, por conseguinte, a rarefação de famílias convencionais em grande escala, aquelas que produziam a fixação dos entes familiares em um determinado local sob o controle do pátrio poder. Face a esse comportamento demográfico peculiar na capitania[14] tudo passou a ser explicado pela mobilidade populacional: enjeitados, concubinato, ilegitimidade, fogos chefiados por mulheres, mulheres abandonadas, dentre outros.

No que se refere ao chamado *aluvisionismo*[15] da população mestiça, acredita-se que, de fato, o caráter itinerante da população mineira dificultou sensivelmente a efetivação de um maior número de matrimônios desejáveis na época, aqueles em que o enlace era feito entre um homem branco e uma mulher branca. Disso, contudo, reforce-se aqui as outras duas importantes dificuldades já citadas anteriormente: as pesadas somas que se deveriam desembolsar no custeio das taxas eclesiásticas e a pouca disponibilidade de mulheres brancas casadoiras.

Não se deve concluir, contudo, que o amasio fosse uma opção movida apenas pela lascívia dos primitivos colonizadores das Minas, como faz parecer as fontes da época, pois foi antes de tudo uma necessidade. Tal advertência se justifica pela frequente banalização que se faz do concubinato como se fosse um comportamento espontâneo e livre de culpa. Salvo os casos particulares, se fosse possível uma opção, a escolha se daria pelo casamento, não pelo concubinato. Mesmo no reino, o concubinato só aparece com incidência sob determinadas situações em que existiam dificuldades na efetivação do casamento. A região do Minho, ao norte de Portugal, apresenta, no decorrer do século XVIII e início do século XIX,

---

13 Essas famílias em sua grande maioria eram constituídas por uniões livres, quais sejam, uniões não celebradas no sacramento matrimonial convencional.

14 SOUZA,1995.

15 SOUZA, 1995.

altíssima taxa de ilegitimidade[16] em comparação com o resto de Portugal e demais países da Europa, apesar das constantes admoestações das visitas arquidiocesanas. Tal fato poderia se justificar, inversamente em relação a Minas Gerais, pela pouca existência de homens aptos para o casamento, uma vez que essa região foi responsável pelo fornecimento da maior parte do contingente migratório masculino para a região das Minas.

Ana Silvia Volpi, procurando discutir a tese de que a sociedade colonial, ao dar vasão à prática do concubinato, na realidade, espelhava uma situação em que o traço da heterogeneidade cultural seria decisivo, demonstra que a prática do amancebamento deveria ser percebida como algo também corrente no Minho, e que, inversamente ao que propõe a historiografia, o concubinato em Minas Gerais pode estar ligado às tradições importadas do norte de Portugal.[17]

A autora, ao se preocupar excessivamente com a demonstração das similitudes entre o Minho e Minas Gerais, se ateve menos à explicação das razões que teriam motivado naquela região a prática do amasio, o que se relacionou à diminuta oferta de homens disponíveis para o casamento. Em virtude de ao norte de Portugal ser frequente a saída da população masculina para o ultramar, houve certa tolerância frente às mães solteiras que chegavam a representar até 15% ou 20% da população.[18]

Na América Portuguesa e, em especial nas Minas, embora a prática do concubinato fosse algo corrente – sendo a demografia histórica especialmente reveladora dessa realidade – algumas dúvidas podem permanecer sobre a forma como a sociedade se comportava perante os praticantes desse delito. Em especial observa-se em alguns documentos um tom de repulsa e condenação, no trato desse assunto. O amancebamento, visto como algo condenável por ser ofensivo a Deus, podendo causar a danação da alma, obviamente, provocava consternação na comunidade e mal-estar em quem o praticava, por essa razão a manutenção do segredo apresentava-se como algo de fundamental importância dentre os casais. O que era bastante difícil, posto que a tacanhice dos núcleos populacionais tornaria essa tarefa praticamente im-

---

16 Refere-se a correlação entre nascimentos de filhos legítimos – aqueles cujos os pais eram casados – e aqueles cujos os pais não eram casados e, portanto, eram filhos ilegítimos.

17 SCOTT, 2001.

18 RAMOS, 1993.

possível. Portanto o casal concubinado ficava à mercê de seus vizinhos, que poderiam denunciar ou não o seu *escandaloso comportamento*.

Nas denúncias do amasio era muito comum os depoimentos virem qualificados com as expressões "público", "notório e "escandaloso", como uma espécie de superlativo ao delito. Isto se deve ao fato de que só se poderiam caracterizar o amasio com a anuência da comunidade, ou seja, a sua prática deveria ser do conhecimento da maior parte da população do lugar, e que ainda causasse escândalos dentre os moradores. Para se evitarem transtornos, a discrição, desde que possível, poderia ser uma saída. Isso se se pudesse escapar da vigilância dos vizinhos, que nas vilas da capitania de Minas Gerais, viviam via de regra, em casas parede-meia.

No que se refere ao uso dos vocábulos acima referidos, na esfera eclesiástica, o procedimento acima descrito se constitui também em uma postura usual, sendo que as Constituições Primeiras do Arcebispado da Bahia são reveladoras a esse respeito, ao associar a caracterização do concubinato ao escândalo e a fama pública: "Se alguma pessoa eclesiástica, ou secular, solteiros ou casados, que estejam amancebados com escândalo e disso haja fama na freguesia, lugar, roça ou aldeia ou na maior parte da vizinhança ou na rua."[19]

Ao que tudo indica, a Igreja teria sido a responsável pela introdução da ideia do público e do escandaloso associada ao concubinato, o que permite concluir que, na realidade, a instituição sabia de suas limitações no combate ao delito, preferindo transferir para o seio da comunidade a responsabilidade da expurgação dos transgressores, reservando para si, na maior parte dos casos, o papel de executora da vontade da comunidade local.

A Igreja atuava prioritariamente nas consciências dos fiéis incutindo a condenação dos ajuntamentos carnais fora dos cânones tridentinos. Isso era viabilizado pela ampla ação pastoral dos clérigos no interior da sociedade. A competência em expiar os pecados, reservada à Igreja, fazia com que, de uma forma, ou de outra, ela fosse lugar de passagem obrigatória àqueles que queriam redimir-se da culpa. Tratava-se, então, não de se extirpar totalmente o pecado, mas sim de administrá-lo a contento.

Equivale salientar que, em uma atmosfera de tamanha religiosidade, uma vez definido o que é pecado, há naturais mecanismos de adapta-

---

19 Constituições Primeiras do Arcebispado da Bahia, feitas e ordenadas por dom Sebastião Monteiro da Vide. Brasília: Biblioteca do Senado Federal, 2007.

ção[20] internos em uma dada sociedade. Necessário frisar que a adaptação, por sua vez, não produz um padrão único de comportamento, pois está associada intimamente à sociedade que a produz. Talvez seja isso o que deve ser considerado ao se debruçar especialmente sobre o problema do concubinato em Minas Gerais colonial. Por último, a presença da escravidão e o modo de vida tipicamente urbano dá contorno particular, à formação social que se constitui nas Minas.

O praticante do amasio, além de se vê também às voltas com sua consciência, sabe perfeitamente que está incorrendo em um crime passível de execração perante a comunidade. A comunidade, por sua vez, pode ou não se insurgir contra o transgressor. Sua atitude estará relacionada ao papel exercido por seu membro em seu interior. Talvez seja por essa razão que as petições formuladas às autoridades coloniais, denunciando o mau comportamento de indivíduos em particular, vêm sempre compostas a uma delação de amancebamento. É o que se depreende de uma carta escrita por dom Lourenço de Almeida à Coroa, ao se defender de algumas acusações feitas pelo clérigo Pedro Francisco de Hinojosa, preocupando-se primeiramente em desqualificá-lo dizendo que ele vivia:

> Escandalosamente amancebado com uma filha de um tal Matheus do Coxo, até que fugiu com ela para o sertão deixando nessas Minas mais de cinco arrobas de ouro de dívida por cuja causa fugiu, e constam das citações e causas que corriam contra ele no juízo do vigário de vara...[21]

No estudo da constituição da sociedade mineira setecentista convém considerar o transplante de muitas características da sociedade portuguesa, especialmente da região do Minho, responsável pelo fornecimento do maior contingente de imigrantes para a região das minas. Ana Silvia Volpi Scott, apresenta dados reveladores a esse respeito ao enfatizar as surpresas reservadas ao pesquisador brasileiro que não está a par dos resultados obtidos nas últimas décadas, acerca dos estudos de demografia histórica em Portugal. Em especial, a sociedade minhota, responsável pelo maior fluxo imigratório para a América Portuguesa, que apresentava elevada quantidade de nascimentos ocorridos fora do casamento legitimado pela igreja.

---

20 GRUZINSKY, 2001.

21 Sobre se defender o governador de algumas queixas que contra ele lhe são feitas em Lisboa, 10 de julho de 1729, *Revista do Arquivo Público Mineiro (RAPM)*, ano 31, 1980, p. 249-52.

Sugere a autora ao pesquisador, a compreensão não só da evolução e a especificidade da sociedade colonial e suas articulações com a família – e vice-versa –, mas sim a necessidade de procurar menos as diferenças, e mais as semelhanças ou permanências que apesar de tudo aproximariam as duas sociedades, instaladas nas margens opostas de dois mundos.[22]

O caráter tardio da implantação dos pressupostos da reforma tridentina no tocante ao sacramento do casamento na região do Minho acabou também por contribuir para a permanência dos antigos costumes, dentre os quais figurava de forma incontestável a prática da mancebia. Associam-se a esse fato os próprios instrumentos da lei que, ambiguamente, acabava por incentivar as uniões concubinárias. O casamento contratual, por exemplo encontrava refúgio nas próprias ordenações, ao passo que o processo de legitimação tornava sempre possível o reconhecimento da prole obtida fora do sacramento do casamento.[23]

Nada mais natural seria então concluir que o transplante dos costumes reinóis acabava, pois, por delinear a peculiar constituição da família mineira do século XVIII. Neste particular parece prevalecer certa unanimidade na historiografia. A pergunta então deveria ser alocada em outra direção: deve-se acatar a sugestão de Ana Silvia Volpi Scott e se debruçar nas regularidades existentes em uma face e outra do Atlântico? Ou ao contrário deve-se levar em consideração, a despeito das contribuições da cultura minhota, a fusão de culturas que também detinham tradições no tocante às relações maritais? Ficar-se-á com a segunda opção por se considerar a sociedade mineira setecentista fortemente marcada pelos traços culturais dos três grupos étnicos que lhe dão contornos, embora a fusão com o elemento indígena fosse mais frequente nas zonas de conquista no final do século XVIII e século XIX.

No que se refere ao pressuposto maior dessa investigação, as particularidades da sociedade mineira expressas em sua economia, em sua geografia e na forma singular com que aqui se organiza, traduzem uma tipologia singular ao delito do concubinato. Não se quer, contudo, afirmar que nada se deva levar em consideração da transposição dos costumes do reino, o que se quer chamar a atenção, é que a despeito do caráter contraditório sugerido por Ângela Mendes de Almeida, no que se refere à legislação e aos costumes no tocante ao matrimônio, talvez se deva levar em consideração que em cada época as sociedades pro-

---

22 ALMEIDA, 1992.

23 ALMEIDA, 1992.

curam erguer redes ou teias de significados para atos correntes, mais ou menos descortináveis à luz de preceitos normativos, os quais não só conferem unidade à estrutura da família como modelam profundamente a convivência que no seu interior se estabelece.[24]

Feita essa breve introdução em que foi tratado o problema do concubinato, o passo a seguir será abordar como as autoridades locais e metropolitanas se posicionavam sobre o principal produto do amasio: os mestiços. Nesse sentido, verificou-se de modo volatizado nos diversos documentos compulsados, iniciativas de contenção à mestiçagem, sobretudo, no período que coincide com os governos de dom Pedro de Almeida Portugal (1717-1721) e de dom Lourenço de Almeida (1721-1732). Muito mais do que um emaranhado de atos dispersos, a hipótese é que havia na Capitania de Minas Gerais uma ação articulada entre diversos organismos de poder metropolitanos que visava, senão de todo suprimir a *mulaticie*, pelo menos criar condições favoráveis para que houvesse a expansão da população branca. É o que se pode perceber a partir do documento citado:

> Uma das maiores ruínas que está ameaçando estas Minas, é a má qualidade de gente de que elas vão se enchendo, porque como todos esses povos vivem licenciosamente sem a obrigação de casados, vai havendo nelas tão grande quantidade de mulatos, que dentro em breves anos, será sem comparação muito maior o seu número que os dos brancos, e como estes tais mulatos, assim pelas conveniências que dá de si o país, como por serem herdeiros de seus pais, necessariamente hão de todo possuir cabedais, confesso a Vossa Majestade que será esta gente a mais perniciosa que pode haver nestes povos pela distância e largueza desses sertões, se faz muito dificultoso o poder de Vossa Majestade conservar nelas as tropas que bastem para dominar tão má casta de gente, e tanta quanta vai havendo e seguro Vossa Majestade que , sendo os mulatos de todo o Brasil muito prejudiciais, por serem todos inquietos e revoltoso, estes de Minas hão de ser muito piores por terem circunstâncias de ricos [...].[25]

A mestiçagem sempre foi associada pelas autoridades metropolitanas à constante instabilidade das Minas, e à medida em que iam avançando nos anos do século XVIII, algumas iniciativas são tomadas com vistas a resolver o problema. Os governos de dom Lourenço de Almeida na Capitania de Minas Gerais e de dom frei Antônio de Guadalupe na Cúria do Rio de Janeiro (1725-1740) merecem destaque a esse res-

---

24 ARAUJO, 1996.

25 Sobre não herdarem os mulatos nestas Minas, 20 de abril de 1722, *Revista do Arquivo Público Mineiro (RAPM)*, ano 31, 1980, p. 112-13

peito, por intensificarem o uso de medidas coercitivas à expansão da mestiçagem. Nesse sentido, a proibição do acesso à comunhão aos fiéis, que publicamente viviam em concubinato, constante na pastoral redigida pelo bispo do Rio de Janeiro em 1726,[26] deve ser colocada lado a lado com a iniciativa do governador das Minas em patrocinar o casamento via a emigração de casais das Ilhas e a sugestão de que se impedisse a saída de mulheres das Minas sem a autorização real.[27]

A frequência de ilhéus citados nos livros de batismo e também nos livros de testemunhas de devassas, com destaque para as mulheres, dá a forte impressão de que as ações de dom Lourenço de Almeida e de dom frei Antônio de Guadalupe tiveram alguma aplicabilidade prática, fazendo-se sentidas na ampliação dos casamentos entre brancos, posto que, essas medidas não visavam, exclusivamente, à promoção de matrimônios, mas também a desaceleração do crescimento da população mestiça.[28] Tome-se por exemplo, 1250 testamentos arrolados para a Comarca do Rio das Velhas, em que dentre os testadores, os ilhéus constituíam-se no segundo grupo imigrante mais expressivo, ficando à frente de adventícios oriundos de províncias como Beiras e Trás-os-Montes.

Tabela 1 – Testamentos Comarca do Rio das Velhas por naturalidade do testador (século XVIII)

Ilhas	Outros reinos	Alentejo	Minho	Estremadura	Algarve	Trás-os-Montes	Beiras	Não Identificado	TOTAL
132	6	6	850	76	2	71	74	53	1270
10,39%	0,47%	0,47%	66,93%	5,98%	0,15%	5,59%	5,82%	4,17%	100%

Fonte: Banco de dados testamentos. Projeto Memória Social e Administrativa da Comarca do Rio das Velhas no século XVIII.

Em 1727, dom João V determinou ao governador dom Lourenço de Almeida a composição de uma lista precisa na qual se apontasse a quantidade de pessoas que habitavam as vilas e as demais povoações, precisando-se quantos eram os brancos e os mulatos, bem como quantos eram os

---

26 RODRIGUES, 2005.

27 Sobre haverem casamentos nas Minas. *Revista do Arquivo Público Mineiro (RAPM)*, 1979, v. XXX, p. 110-111.

28 Nos livros de devassa, sobretudo, há menções frequentes de indivíduos com origem de nascimento no bispado de Angra. Há ainda menção de nascidos na ilha de Fayal. O que ocorre na verdade é a absoluta inexistência de estudos sobre a presença de ilhéus nas Minas, estudos estes que seriam muito úteis na tarefa de se precisar as ações oficiais executadas no intuito de tolher a mestiçagem na região das Minas.

casados com mulheres brancas, mulatas ou negras e a extensão de cada uma das vilas e povoações.[29] Essa iniciativa da Coroa portuguesa também pode ser entendida dentro do esforço de contenção da expansão da população mestiça, cujo primeiro passo seria conhecer seu quantitativo.[30]

No flanco eclesiástico, as cartas pastorais diocesanas foram instrumentos importantes na tentativa de contenção da já acentuada quantidade de uniões livres, vigorante nas Minas, e a consequente promoção do sacramento do matrimônio. Dom frei Antônio de Guadalupe veio pessoalmente às Minas, quando essa ainda estava colada à Diocese do Rio de Janeiro. O seu principal objetivo era combater as "iniquidades" dos mineiros, sobretudo, no que se refere ao costume de se amasiarem com suas escravas. Outro instrumento muito conhecido de tolhimento da mestiçagem eram as devassas eclesiásticas. Um dos registros mais antigos dessas inquirições que se tem notícia no Arquivo Eclesiástico da Arquidiocese de Mariana registra a passagem pela Comarca do Rio das Velhas, no ano de 1727, de uma comitiva visitadora que teve por alvo o Arraial Velho, pertencente à freguesia de Raposos, a freguesia de Roças Grandes e a vila de Sabará. Curiosamente, nas três localidades, só se apuraram casos de concubinato, destacando-se aqueles em que os próprios denunciantes eram também arrolados como réus da devassa. Ao final dos trabalhos realizados na vila de Sabará, o escrivão da visita teve o cuidado de relacionar todos os 85 admoestados numa criteriosa organização por ordem alfabética.

Tabela 2 – Admoestados por concubinato, Comarca do Rio das Velhas (1727)

LOCALIDADES VISITADAS	ADMOESTADOS POR CONCUBINATO
Vila de Sabará	85
Roça Grande	13
Arraial Velho	08

Fonte: AEAM, devassas 1727-1748, folhas 61.

Vale destacar o fato de que, em sua quase totalidade, os concubinários apontados eram homens brancos e que, no documento, há uma única menção a um indivíduo mestiço vivendo em concubinato, o que, certamente, não confere com a realidade daquela sociedade. O que se quer argu-

---

29 Sobre remeter uma lista da gente de que se compõe as vilas e mais povoações destas Minas. *Revista do Arquivo Público Mineiro (RAPM)*, ano XXX, 1979, p. 259. Não foram encontrados indícios de que a lista tenha sido elaborada.

30 SOUZA, 1995.

mentar é que os alvos preferenciais da visita não eram os homens mestiços, e que os visitadores podem tê-los ignorado, bem como a prática de outros delitos cometidos por eles. Kathleen Higgins, em seu trabalho sobre os libertos para a vila de Sabará, no século XVIII, parece identificar quem eram os homens brancos que frequentavam as devassas, ao chamar a atenção para duas características presentes no contexto social da manumissão:

> 1) os colonizadores da região eram em grande parte *brancos*, mas raramente acompanhados de mulheres brancas; 2) nas primeiras décadas da era mineradora em Sabará, uma em cada quatro crianças mestiças (mulatas) alforriadas era reconhecida por seus pais, homens livres brancos.[31]

Observe-se ainda que *o modus operandi* dessa visita, ao dedicar atenção quase que exclusiva à população branca, na repreensão à prática do amasio, enquadra-se no discurso pastoral de dom frei Antônio de Guadalupe em dar maior ênfase às ações pastorais que tinham como pauta principal o combate à prática dos pecados da carne. Visto desse ângulo, em particular, vê-se claramente a evolução de um programa que articulasse a ação pastoral, as devassas diocesanas e mesmo as ações governamentais. A sincronia entre os discursos e as ações, até aqui demonstradas, evidenciam um projeto articulado de controle social.[32]

Tabela 3 – Acusações de concubinatos na vila de Sabará (1727)

AMANCEBADOS	CATIVAS	FORRAS	LIVRES	MESTIÇAS	SEM INDICAÇÃO	TOTAL
Livres	37	13	10	1	18	79
Padres	04	--	--	--	01	05
Pardos	01	--	--	--	--	01
TOTAL	42	13	10	1	19	85

Fonte: AEAM: devassas 1727-1748, folha 61.

Na tarefa de aquilatar a função de cada elo da corrente que se produziu com intuito de obstar a mestiçagem deve-se considerar, como já

---

31 HIGGINS, 1994.

32 É bem provável que a Comarca do Rio das Velhas tenha sido alvo de novas visitações entre os anos de 1728 e 1733. Nesse sentido, deveria haver algum registro nos livros de batismo que atestassem tal presença, posto que os visitadores eram obrigados a visitar os livros paroquiais, como dispunham as Constituições Primeiras do Arcebispado da Bahia. No entanto, isso não é evidência suficiente da sua não ocorrência.

apontado, que essas ações eram articuladas e tinham uma unidade de procedimento. Elas estariam presentes:

1. na redação das pastorais e na orientação das devassas diocesanas, que primaram por reprimir os casos de concubinato;
2. nas diversas petições endereçadas à Coroa que pediam a supressão do direito de herança aos mulatos e o impedimento a que esses viessem a ser eleitos camarários, na proibição de casamentos entre brancos e negras e mesmo mulatas;
3. no consenso observado na documentação de que os mulatos eram os responsáveis pela inquietação da população das Minas;
4. na adoção de medidas restritivas à saída de mulheres das Minas e do incentivo à migração de casais das Ilhas;
5. na escolha dos clérigos que viriam ocupar a diocese do Rio de Janeiro após 1726 e as paróquias das Minas.

Os conflitos decorrentes da miscigenação ocuparam grande parte do tempo das autoridades metropolitanas, na tarefa da obtenção da almejada estabilidade política das Minas. Ao contrário do que sugere grande parte da historiografia, as ações por elas empreendidas não se constituíram em atos isolados sem qualquer aplicabilidade prática. Muito antes pelo contrário, os grupos dirigentes agiram de modo organizado para tentar tolher a expansão da população mulata, fazendo uso de um diversificado repertório de ações. Como demarcado as formas de contenção aconteciam em várias frentes e obtiveram considerável grau de sucesso, ao tolher de forma significativa, o acesso aos mestiços do que mais se buscava naqueles tempos: a distinção que os faria nobres da terra, ao ocupar cargos que passaram a ser ocupados exclusivamente por brancos, após a outorga de leis restritivas pela Coroa. A condição de mestiço tornou-se impedimento legal a essa condição, ainda que eventualmente dispusessem de riquezas. Se no início da colonização das Minas Gerais os mulatos dispuseram de melhores condições para se notabilizarem, com o passar do tempo as ações da Coroa dificultaram e muito tal possibilidade. Desse momento em diante a condição de fazer da Colônia seu paraíso se distanciou cada vez mais deles.

REFERÊNCIAS

ALMEIDA, Ângela Mendes de. *O gosto pelo pecado:* casamento nos manuais dos confessores dos séculos XVI e XVII. Rio de Janeiro: Rocco, 1992, p.121.

ANTONIL, André João. *Cultura e opulência do Brasil.* Belo Horizonte: Editora Itatiaia, 1982.

ARAÚJO, Ana Cristina. A esfera pública da vida privada: a família nas artes de bem morrer. *Revista Portuguesa de História*, Lisboa, n. XXXI, v. 2, 1996.

GRUZINSKY, Serge. *O pensamento mestiço.* São Paulo: Cia das Letras, 2001.

HIGGINS, Kathleen. *Licentious Liberty in a Brazilian Gold-mining Region:* Slavery, Gender and Social Control in Eighteen Century Sabará, Minas Gerais. Pensilvânia: Pennsylvania State University Press, 1994.

HOLANDA, Sérgio Buarque de. *Raízes do Brasil.* São Paulo: Cia das Letras, 2015.

OLIVEIRA, Hilton César de. *A devassa da vida quotidiana:* o delito do concubinato em Minas Gerais setecentista. Dissertação (Mestrado) – Universidade Estadual Paulista, São Paulo, França, 1999.

RAMOS, Donald. *Cultura portuguesa na Terra de Santa Cruz:* a voz popular e a cultura popular no Brasil do século XVIII. Lisboa: Estampa, 137-154.

RAMOS, Donald. From Minho to Minas: the Portuguese Roots of the Mineiro Family. *Hispanic American Review*, v. 73, n. 4, p. 645, 1993.

RODRIGUES, Flávio Carneiro. *As visitas pastorais do século XVIII no bispado de Mariana.* Ouro Preto: Editora Dom Viçoso, 2005. v. 1.

SCOTT, Ana Silvia Volpi. *Desvios morais nas duas margens do Atlântico:* o concubinato no Minho e em Minas nos anos setecentos. Guimarães: Universidade do Minho, 1998

SOUZA, Laura de Melo e. *Os desclassificados do ouro: a pobreza mineira no século XVIII.* São Paulo: Graal, 1995.

EPISTEMOLOGIAS NEGRAS DE MUNDO: CRIANÇAS EM PERFORMANCES DE APRENDIZADO NA TRADIÇÃO DO CANDOMBE

Ridalvo Felix de Araujo[1]

27 de outubro de 2012, dia de encerramento das atividades ritualísticas do grupo Candombe para com a Festa do Rosário na região de Lagoa Santa. Cheguei à comunidade de Lapinha por volta das 13h, pois o trajeto que fiz (Belo Horizonte/Lagoa Santa/Campinho) acabou retardando a minha chegada à comunidade. O grupo de Candombe acabava de sair da missa em direção ao lugar, vizinho a igreja, onde foi servido o almoço. Almocei com o grupo, conversei com os candombeiros e logo depois da refeição foi feito o ritual de agradecimento pela comida. Em seguida, parti para o lado da igreja. Nesse lugar onde o Candombe se apoiou com guardas de Congo, Massambiques, candombeiros de outros grupos da região e adeptos do catolicismo se aproximaram para presenciar os cantos e danças dos candombeiros.

---

1 Doutor em Letras pelo Programa de Pós-Graduação em Letras - Estudos Literários da Universidade Federal de Minas Gerais (UFMG), em 2017, com ênfase nos estudos das oralidades e performances de cantos dançados de tradições negras, coreógrafo, professor de danças de expressões performáticas de visões negras de mundo, dançante de cantos dançados tradicionais do Cariri cearense, diretor de teatro e de documentário, performer, fundador-artista-diretor do Coletivo Artístico Erês – Mensageiras dos Ventos e do grupo de tradição afrobrasileira Samba de Coco – Coquistas de Tia Toinha. Em 2006, fundou a companhia de dança *Perfil Azeviche*, primeiro grupo de danças negras dentro da Universidade Regional do Cariri (URCA) e, em 2007, criou o primeiro afoxé do Cariri/Ce, o Afoxé Oba Orun. Atualmente é professor do CEFET/MG. profrio7@gmail.com

Uma tarde parecia pouca para a circularidade intercalada por performances de cantantes, dançantes e tocadores. Foi chegado o momento em que o capitão David (Figura 1) anunciou um intervalo para os candombeiros descansar e o protagonismo foi regido pelas crianças que acompanham o grupo de Candombe da Lapinha e Fidalgo, mais duas crianças adeptas de guarda de Congo.

Figura 1 – Sr. David Alves, capitão do Candombe da Lapinha, 2015

Fonte: Ridalvo Felix, 2015.

O capitão David não se resguardou diante do cansaço e aproveitou o ensejo e vontade dos garotos para transmitir um pouco dos saberes cantados, dançados e tocados da tradição do Candombe. É essa parte da tarde – tecida por momentos ritualísticos e preciosos de ensinamentos e transmissão de saberes, valores e princípios de significação Bantu – que será apresentada, em recortes a seguir, e que só foi interrompida no momento em que o cortejo das guardas e santos padroeiros da comunidade foi anunciado.

A descrição etnográfica está dividida em duas partes. Num primeiro momento, fiz uma abordagem teórica sobre performance e tradição oral, e, em seguida, compilei momentos performativos do ritual de cantos dançados[2] por crianças aprendizes do Candombe.

---

2 A expressão "cantos dançados" se refere às tradições culturais que se manifestam em canto e dança ao mesmo tempo, sendo, portanto, duas linguagens que se completam. Durante os encontros do grupo de tradução de obras que tratam de culturas de tradição oral, sob a coordenação da Profa. Sônia Queiroz (UFMG), foi encontrada

PERFORMANCE E TRADIÇÃO ORAL NO CANDOMBE

Os atos performáticos do Candombe se modulam pela transmissão dos significados musicais, da poesia oral através dos cantos e danças inscritos nas memórias corporais e saberes restituídos na e pela dinâmica de seus locais de atuação. As formas de linguagens que permanecem como tradições em comunidades que vivem temporalidades específicas dos sistemas de vida antes, durante e depois dos rituais, encontram nos costumes de praticar os cantos dançados maneiras de manter relações com os antepassados, que, evidentemente, conseguem dar existências aos influxos cósmicos e simbólicos que foram exercidos noutros tempos e continuam com os atuais componentes das expressões culturais negras.

O Candombe mineiro, assim como grande parte das tradições de cantos dançados cujas matrizes são provenientes dos grupos étnicos negro-africanos recriadas nas Américas, tem como elementos constituintes a poesia cantada e dançada ao mesmo tempo, sem deixar de considerar os aspectos gestuais, os movimentos, os instrumentos musicais, os ritmos, as melodias, os figurinos, o tempo, o espaço, as cores, assim como a própria voz e suas inflexões, sendo, portanto, linguagens que se completam. A presença do vocábulo pode ser percebida no Rio Grande do Sul, em Minas Gerais e em algumas regiões do Uruguai e da Argentina, onde o termo Candombe designa expressões cujas matrizes são africanas, alicerçadas na família linguística e cultural Bantu. A origem do vocábulo é a mesma "[...] da palavra *Candomblé* entre nós, ou seja, 'kandombile', ação de rezar"[3] cantando e dançando.

A linguagem do Candombe é notadamente simbólica, sendo recorrente o uso de provérbios, advinhas e metáforas constituidoras da poética transmitida oralmente, enquanto função coletiva da linguagem, que se aproxima muito de culturas orais tradicionais existentes

a expressão "don dònkili" no artigo *Le chant de Kúrubi à Kong*, de Jean Derive, em processo de tradução para o português. Segundo o autor francês, este seria um gênero poético dos povos de Kong (a região pesquisada por ele e que está a Nordeste da Costa do Marfim), que une necessariamente o canto e a dança. Procurando uma tradução cujo significado se aproximasse mais do campo semântico da expressão dos povos de Kong, o grupo resolveu adotar a expressão "cantos de dançar" ou "cantos dançados".

3 CASTRO, 2005, p. 57.

na África Bantu e povos iorubanos. É certo que a formação poética e grupal dessa linguagem cifrada de provérbios é configurada por duplo sentido atendia às necessidades de comunicação restritas ao sistema de cativeiro das grandes senzalas. A tradição do Candombe mineiro é entrelaçada pela mística de um catolicismo negro evidente nas Irmandades de Nossa Senhora do Rosário em diálogo com as tradições, práticas e sistemas mágico-filosóficos de matrizes Bantu, com uma forte dimensão organizacional oriunda dos reinados ancestralmente africanos, dos quais o Reino do Congo é um dos mais significativos. Os fundamentos míticos, espirituais e mágico-religiosos dessa tradição estão intimamente vinculados a troncos ancestrais de reinados, no caso dos Reis Congos, por exemplo, e aos diversos grupos ritualísticos de cortejo – "*Congos* e *Congadas*, que têm larga distribuição geográfica no país e nos quais se guarda a lembrança do Manicongo, título que era atribuído aos reis de Congo",[4] assim como ternos de Maçambique, grupo com forte poder espiritual, guardião das majestades do Reinado.[5] No cerne de toda essa cosmogonia que dialoga por meio de ramificações distintas e não sincréticas, o Candombe se apresenta, conforme a sabedoria do capitão David, como o "pai": ele é a tradição que concede fundamento a todas as realizações ritualísticas do Reinado do Rosário.

Mais conhecidos como *pontos*, os cantos do Candombe são proferidos em forma responsorial, ou seja, alternados entre o solo e o coro. Ao centro da roda vai um candombeiro, conduzido pelo diálogo que ele estabelece com os tambores, *puxando* seu *ponto*. Essa entrada é demarcada pelo uso do *guaiá*, instrumento idiofônico que simboliza o poder daquele que está conduzindo a palavra viva, que faz dançar e cantar. Alguns *pontos* são intermediados por enunciações do capitão acerca da história que explica os mistérios mágicos do surgimento do Candombe e da força de seus tambores. Depois que o solista *puxa* seus primeiros versos, o coro de cinco (ou até seis) vozes responde envol-

---

4 CASTRO, 2005, p. 35.

5 Reinado é um sistema acopla os grupos (guardas ou ternos) Candombe, Maçambique, Congo, Vilão, Catopês, Marujos e Caboclos. Segundo Glaura Lucas, as guardas podem estar "[...] reunidas ou não em Irmandades, vinculadas ou não a um Reinado. Já os Reinados incluem não só as guardas, como também a presença de uma corte real simbolizando os santos homenageados – Rei de São Benedito, Rainha de Santa Efigênia – e também os reinos africanos – Rei Congo e Rainha Conga – esses últimos representando igualmente Nossa Senhora do Rosário". Cf.: LUCAS, s/d, p. 11-12.

vido por uma força mística e linguagem simbólica, repetindo os versos do capitão em projeções sonoras – vocalizações –, singularmente perceptíveis em cada indivíduo que compõe o acorde. Essa apoteótica sonorização registrada pela comunhão dos cantos com os tambores é acionada quando o candombeiro venera e toca nos tambores com atos que simbolizam respeito e permissão para cantar. Em volta desse procedimento, a aura mágica que circunda os tambores do Candombe e a performance poético-musical coreografada pelos candombeiros configura a forte espiritualidade dos dançantes, preparando o terreiro para que as entidades e ancestrais sejam evocados e reverenciados.

Na composição do conjunto instrumental do ritual do Candombe mineiro, existe uma grande variedade de forma e tamanho dos tambores entre as comunidades visitadas. Contudo, apesar da diversidade de instrumentos e raríssimos casos de diferenças na identificação dos tambores, as técnicas e estéticas adotadas na fabricação são as mesmas. No Candombe da comunidade da Lapinha, há quatro tambores, dois guaiás e uma puíta, conforme demonstra a figura a seguir.

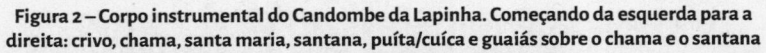

Figura 2 – Corpo instrumental do Candombe da Lapinha. Começando da esquerda para a direita: crivo, chama, santa maria, santana, puíta/cuíca e guaiás sobre o chama e o santana

Fonte: Claudia Marques, 2015.

Na tradição do Candombe, além do corpo que canta e dança, existe outro componente indispensável para o processo de produção e transmissão poética durante a performance: o conjunto instrumental. Sem este último, possivelmente, as primeiras não existiriam. Essa constatação pôde ser percebida durante a tentativa de ditar um canto feita pelo capitão David, anunciando que "[...] iria falar alguns versos."[6] Na ocasião do encontro, ele o fez cantando os versos, e não recitando como havia informado. Neste ato, ele ressaltou que a ausência do som dos instrumentos, que estavam ao seu lado, dificultava a emissão do canto. Isso denota que, mesmo quando em silêncio, os instrumentos se apresentam como extensão do cantante e exigem dos corpos autorizados a amálgama vital para que a poética surja de forma (en)cantada.

Os cantos são tecidos nessa poética pelos timbres e fluxos soprados na devida altura membrafônica da vocalidade dos cantantes em diálogo com os instrumentos tocados. Na palavra cantada, a convergência entre voz, corpo e instrumento é crucial, e, como signo, às vezes compondo um sistema de linguagem secreta, enigmática, subverte e transcria códigos que delimitam o acesso a iniciados ou permitidos, garantindo a permanência dos segredos da tradição. Nesse sentido, seria um ato idealizador pensar que nada se perdeu nas tradições que têm sua (re)organização assentada num sistema escravagista historicamente adverso às cosmologias, filosofias, valores simbólicos e crenças advindos de outros lugares. As codificações performáticas recriadas em contextos diferentes também resultam de perdas, de apagamento, de destituição de formas para surgimento de outras. É assim que, segundo Richard Schechner, as performances são produzidas e feitas de pedaços de comportamento restaurado, mas cada performance é diferente das demais. Primeiramente, pedaços de comportamentos podem ser recombinados em variações infinitas. Segundo, nenhum evento pode copiar, exatamente, um outro. Não apenas o comportamento em si mesmo – nuances de humor, inflexão vocal, linguagem corporal e etc., mas também o contexto e a ocasião propriamente ditos, tornam cada instante diferente.[7]

Sob esse viés, o sentido de performance que atualiza a tradição do Candombe através de performances ritualísticas são aqui refletidos a partir das práticas cotidianas, como comportamentos realizados e repetidos em momentos únicos e específicos. A performance tem o poder

---

6 Capitão David, em entrevista concedia no dia 29 out. 2011, na comunidade da Lapinha, distrito de Lagoa Santa – MG.

7 SCHECHNER, 2013, p. 28.

de atualizar na tradição e combinar poesia cantada, dança e toques instrumentais na memória inscrita e trazida à tona pelo corpo que conta a história delineada nos seus volejos – grafitando na terra e no espaço insígnias de outros tempos, além de canalizar a transmissão dos significados musicais.

Os repertórios de cantos do Candombe mineiro contêm elementos que integralizam diversas formas de conceber cenicamente momentos diversos de como suas performances ocorrem. Algumas letras dos cantos nos informam situações que delineiam as formas de surgimento da tradição, as maneiras de se tocar, dançar entre outros, ou seja, os motivos tratados nos cantos são inúmeros, em alguns casos são proferidos conforme a necessidade do ambiente, do grupo interlocutor/indivíduos presentes, da especificidade do rito, como, por exemplo, a visita de um Rei ou Rainha. Assim, encontro cantos específicos para o momento de celebração de missas católicas, cortejos, para agradecer pelo alimento ofertado, cantos de rituais privados, de benzeção, de abertura/fechamento do Festejo de Nossa Senhora do Rosário, de despedida, desafios, demandas, para saudar guardas/integrantes de guardas de Congos e ternos de Massambique, para reverenciar os antepassados, os instrumentos e as terras além-mar. Edimilson Pereira também registrou o motivo tematizado nos Candombes mineiros a partir da função atribuída ao canto. O pesquisador listou as seguintes funções:

- pontos de abertura: pedir licença para iniciar celebrações;
- pontos de demanda: cantos que estabelecem desafios ou confrontos entre capitães;
- pontos de brincadeira (bizarria): promove o divertimento com humor e evita o conflito agressivo típico da demanda;
- pontos de apaziguamento: proferidos para manter a ordem do grupo ameaçada por cantos de demanda;
- pontos para capitães: exaltar os iniciados na tradição;
- pontos para os ancestrais: saúdam os mais antigos na tradição e aludem aos pretos velhos;
- pontos de Zambi: esse Deus trazido pelos povos Bantu é solicitado para manter a união entre os candombeiros e evocado para vencer as demandas;
- pontos para Calunga: entidade invocada em momentos críticos dos pontos de demandas. Calunga, divindade Bantu, é "identifi-

cada com o mar ou a morte" e na umbanda ela está "associada aos pretos velhos";

- pontos para Jesus Cristo e os santos: louvam Cristo e os santos católicos e invocam o nome de pessoas exemplares da tradição católica;
- pontos para Nossa Senhora: exaltar as inúmeras faces de Maria;
- pontos para as mulheres: cantos que provocam as mulheres;
- pontos para a bandeira: ritual do levantamento da bandeira e quando o grupo de candombe se apresenta a algum santo padroeiro;
- pontos para a cruz: proferidos em celebrações que homenageiam a Santa Cruz;
- pontos para disfarçar: uso da linguagem simbólica para acionar a atenção dos adeptos sobre alguma ameaça no seguimento do ritual;
- pontos de alerta: quando a ameaça que pode afetar o ritual do candombe é constatada;
- pontos para pedir cachaça: proferidos como os pontos de bizarria. Esses cantos têm a função de pedir a cachaça que revitaliza os cantantes dançantes;
- pontos de convite para entrar no candombe: convocar a participação de algum capitão no ritual de culto aos antepassados;
- pontos de improviso: proferidos em situações específicas que ocorrem no ritual;
- pontos de encerramento: servem para encerrar o ritual, se despedir dos tambores, capitães, santos e antepassados.[8]

A forma de composição da arte poética das tradições de cantos danças vincula, de modo indissociável o canto, a dança e os instrumentos. No Candombe, há uma maneira específica de se dançar cantando ou vice-versa, e que se realiza de forma distinta em relação aos outros grupos do Reinado. Nesse sentido, poderia pensar o corpo como reverberação de inscrições "textuais" de memórias dos antepassados em movimentos e ressignificações, isto é, a dança cantada também é um sistema para o grupo como afirma Jane C. Desmond:

> [...] o estilo de movimento é um importante modo de distinção entre grupos sociais e é, em geral, ativamente apreendido ou passivamente absorvido na casa ou na comunidade. Tão ubíquo, tão "naturalizado" a ponto

---

8 PEREIRA, 2005, p. 76-94.

de ser quase despercebido como um sistema simbólico, o movimento é um "texto" social primário, e não secundário – complexo, polissêmico, sempre pleno de sentido, embora continuamente em transformação. Sua articulação sinaliza afiliação de grupo e diferenças entre grupos, seja conscientemente realizado ou não.[9]

Portanto, a relação entre a tessitura oral, a dança e a percussão dos instrumentos é estruturante e vale como princípio para se tecer o canto. Não há como pensar a concepção poética do repertório dos cantos do Candombe sem remeter à sonoridade do corpo que diretamente canta, fala, bate palmas, gestualiza e percurte pisadas que, como um estilete, tece a poesia do canto, circusncrevendo na dança a memória dos antepassados alinhavada pelo ritmo *dobrado* ou na *marcha grave*.

A cadência e maneiras específicas de proferir os cantos dançados no Candombe são fontes de saberes que coligem linguagens distintas com funções determinadas pelo propósito da ação e que dependem do contexto da performance. Em se tratando de percussão como uma tessitura sonora na cultura oral do Candombe, afirmo, de acordo com Paul Zumthor, que ela "[...] constitui, estruturalmente, uma linguagem poética."[10] O autor ajuda a ratificar a minha posição ao afirmar que:

> [...] a batida do tambor acompanha em contraponto a voz que pronuncia frases, sustentando-lhe a existência. O tambor marca o ritmo básico da voz, mantém-lhe o movimento das síncopes, dos contratempos, provocando e regrando as palmas, os passos de dança, o jogo gestual, suscitando figuras recorrentes de linguagem: por tudo isso ele é parte constitutiva do "monumento" poético oral.[11]

Sob essa perspectiva, a força rítmica que cadência o dialogismo entre o tocado, o dançado e o cantado, mas, para, além disso, entre formas singulares de linguagens que se (en)cruzam poeticamente, é reinventada e mantida no Brasil como nas ancestrais Áfricas negras. Ruth Finnegan em *Linguagem do tambor e literatura*, a partir de uma compilação de estudiosos em culturas negro-africanas, reflete e apresenta alguns exemplos de como é fundamentada a linguagem do tambor nos povos Kelé, da área Stanleyville do Congo, Camarões e entre alguns povos Ashanti ou Iorubá. A pesquisadora diz que existe uma poética

---

9 DESMOND *apud* DIAS, 2012, p. 112.

10 ZUMTHOR, 2010, p. 189.

11 ZUMTHOR, 2010, p. 188.

na "linguagem do tambor" cuja função é a comunicação entre os seres humanos e a manutenção da relação destes com seus antepassados.

Na codificação da "linguagem do tambor", a poética é estruturada por chamados, pronunciamentos, provérbios e nomes que, na maioria dos casos, são somente entendidas pelos componentes de determinado povoado. Finnegan ressalta que nem sempre a cognição dos significados das palavras se realiza pela emissão fonética, pois alguns padrões rítmicos exigem que determinados termos e expressões frasais sejam concebidos pela transmissão tonal dos tambores. "Essa expressão de palavras através de instrumentos apoia-se no fato de que as línguas africanas envolvidas são predominantemente tonais."[12]

Assim, diante dessa reflexão sobre a indissociável relação entre o canto, o toque e dança, comecei a visualizar nesse ensaio como todos esses aportes da tradição do Candombe estão sendo transmitidos a partir das imagens apresentadas, que remetem ao processo de transmissão dos conhecimentos e performances ritualísticas do Candombe. Nas cenas performativas a seguir, mostro os modos de apreensão do conhecimento musical e filosófico em que o garoto imita o capitão David no ato de pedir autorização aos tambores para proferir o canto (Figura 3 e 4).

Figura 3 – O capitão David pede permissão aos *tambus* para cantar e dançar

Fonte: Reinaldo Freitas, 2013.

---

12 FINNEGAN, 1970, p. 482.

Fonte: Ridalvo Felix, 2013.

VENHA VÊ AS CRIANCINHAS LOUVANDO A MAMÃE DO CÉU[13]

A organização instrumental e corporal nos espaços que abarcam e compõem a tradição do Candombe se move pela constante e precisa relação dialógica entre ambientes que provocam rotações corporais, simbólicas e filosóficas. A performance ritual – considerada aqui como poética oral que não se dissocia do sistema que é formado pela dança e toques instrumentais – se processa por vocalidades em que o corpo emite não somente cantos e movimentos, mas silêncios e paradas como significantes inscritos na memória da voz e corporeidades ancestrais. Os instrumentos são uma representação vivificadora da voz no ritual. Os capitães têm o poder de silenciar e dar novamente voz aos tambores, assim como o chacoalhar do *guaiá* marcado pelo ir e voltar frenético, indicando o tempo do canto e da dança no grupo.

Os momentos em que o Candombe foi protagonizado pelas performances das crianças reverberam atos de aprendizagem que se procedem nas práticas dos rituais. É recorrente, nessas tradições orais de

---

13 Versos de canto proferido pelo candombeiro David. Gravação realizada no dia 27 out. 2013, em Campinho, Lagoa Santa.

cantos dançados, presenciar os mais novos sendo inseridos aos poucos nos rituais, bem como fora deles ou em intervalos para descanso dos mais velhos. Assim, é importante refletir nesse momento como as concepções dos significados, símbolos e filosofia da tradição do Candombe são tecidas pela ordem prática do canto, do toque e dança, ou seja, é performando que se aprende.

Não deixando de lado os elementos mágico-religiosos que se instauram em todos os atos, gestos, falas e performances dos candombeiros, durante o processo de transmissão para as crianças em que vivenciei no encerramento das atividades do Candombe, percebi que tais ensinamentos e significados não estão separados da ousadia da criança em querer aprender fazendo. Em alguns momentos, senti algumas crianças intimidadas em cantar e dançar, enquanto outras se expressavam com mais intensidade tocando os instrumentos. Todavia, o que mais teceu os ensinamentos de emoção foi a segurança transmitida pelos mais velhos para os aprendizes. Nas imagens seguintes, essa relação é retratada pelo apoio poético-corporal durante as dicas sugeridas, pelo capitão, para proferir o canto, e de outro lado, sentados e tocando, as crianças nos instrumentos recebem de outro candombeiro os significados musicais que fundamentam o ritmo em performance, além de responderem ao solo (Figura 5 e 6).

Figura 5 – Capitão David ensinando o garoto a cantar, dançar e tocar o guaiá

Fonte: Ridalvo Felix, 2013.

Figura 6 – O candombeiro e benzedor Raimundo Sipriano ensinando a criança a tocar e responder ao solo

Fonte: Ridalvo Felix, 2013.

Essas cenas permitem traçar um esquema que denota o modo de transmissão que envolve as tradições constituidoras do Reinado mineiro. Elas se restituem através dos atos performáticos e se evidenciam a partir do momento em que passam a compartilhar desse modo de vida e de ligação com os antepassados. Nessa relação, a prática que (re)atualiza a tradição na vocalidade e corporeidade dos mais novos é imbricada pela força e poder da memória dos antepassados através da figura dos candombeiros – mais velhos.

Movimentos Espiralados

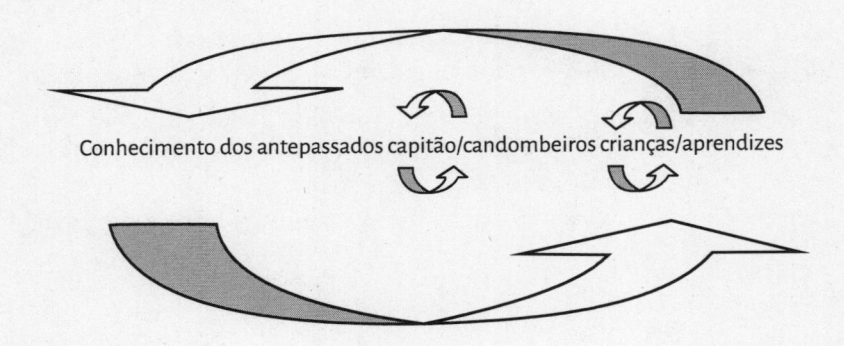

Conhecimento dos antepassados capitão/candombeiros crianças/aprendizes

Em diálogo com as imagens anteriores, esse esquema é tecido por alguns aspectos da filosofia das comunidades reinadeiras que são essenciais para uma inicial reflexão acerca do processo de transmissão. Durante as vivências de aprendizagem pelos mais novos, é recorrente, no discurso dos mais velhos que essa tradição foi repassada pelos antigos, pelos seus antepassados – africanos escravizados. A partir dessa imagem, fica evidente que o movimento e relação de aprendizagem não são retilíneos, mas *continuum*. Os mais antigos são sempre aludidos como os responsáveis pelos ensinamentos mantidos até hoje no cerne do grupo. A malha mística que abarca a tradição torna o responsável pelo grupo um portador dos conhecimentos, cuja palavra não é considerada banalizada no contexto da comunidade praticante. Leda Martins também aponta uma observação:

> Os antepassados presentificam-se e são evocados, pela memória, no ato que também a eles se dirige, no *continuum* de uma celebração que remonta a tempos imemoriais. O conhecimento e o saber vêm desses antepassados, ancestrais cuja energia revitaliza o presente. Os mais antigos lembram e rezam em silêncio por essas presenças, numa galeria de mestres, capitães, sacerdotes do rosário [...].[14]

Nesse sentido, considero que os conhecimentos, cantos, segredos e rituais da tradição aprendidos pelo candombeiro escolhido instituem sobre ele um reconhecimento perante a comunidade. A partir de então, a figura do capitão e sua voz se sedimentam na prática do ritual. A fala do dirigente passa a ser dotada de energia transformadora possibilitada pelos ritos do Candombe. Assim, a voz do candombeiro regente é revitalizada ancestralmente pelo culto que o submete a regras que fundamentam e mantêm o sistema mágico-religioso do Candombe. Seguindo essa lógica, as observações de Paul Zumthor também aludem que "[...] a palavra proferida pela voz cria o que ela diz. No entanto, toda palavra não é só palavra. Há a palavra ordinária, banal, superficialmente demonstradora, e a palavra-força."[15] Essa palavra-força é o que garante a continuidade dos ritos concedida ao escolhido.

Um outro elemento diz respeito ao próprio ritual de transmissão onde as crianças são "escolhidas", por merecimento e crescimento pessoal e espiritual, para dar continuidade à tradição do Candombe. O aprendizado nessa tradição – bem como em outras onde a oralidade é

---

14 MARTINS, 1997, p. 88.

15 ZUMTHOR, 1993, p. 75.

a filosofia mantenedora dos princípios, valores e símbolos que regem as formas de transmissão dos conhecimentos – é distinto pela complexidade que envolve o ato do ensinar. Isso é verificado na forma em que a teoria, técnica e prática é toda amalgamada no instante único e irreversível da performance. O momento da transmissão é, concomitantemente, detido de significados poéticos e musicais que fundamentam os ensinamentos, regras, e poder praticado pelos mais velhos garantindo, nos mais novos, a dinâmica e existência do Candombe.

PEIXINHO NOVO APRENDENDO A NADÁ[16]

O capitão David anuncia a chegada das crianças durante o intervalo em que os candombeiros pararam para descansar. A força que move a vontade de dar continuidade, repassando o que foi possível naquele instante, para os mais novos, verificou-se na performance ininterrupta do capitão David. Enquanto os candombeiros se afastaram um pouco, os meninos se aproximaram dos *tambus*[17] e o capitão não deu trégua e proferiu:

> Peixinho novo
> Aprendendo a nadá
> Pede a Nossa Senhora
> Ela vai te ajudá

Poeticamente a chegada do iniciante na roda do Candombe foi cantada e dançada sob o ritmo dos *tambus*. O menino se prontificou também dialogando com o capitão através do *guaiá*, conforme pode ser visualizada na imagem a seguir.

---

16 Versos de canto proferido pelo candombeiro David. Gravação realizada no dia 27 out. 2013, em Campinho, Lagoa Santa.

17 Tambores do Candombe.

Fonte: Ridalvo Felix, 2013.

O canto de apresentação foi proferido seguindo a mesma poética de grande parte do repertório do Candombe. Primeiro, o capitão *puxou* os dois versos iniciais, depois repetiu, e, em seguida, cantou os dois últimos repetindo-os mais uma vez. O coro, também formado por crianças, respondeu com a ajuda de outro candombeiro mais velho. No final do canto, o capitão ainda ensinou ao garoto como reverenciar e silenciar os *tambus* para dar prosseguimento com outro canto, ou mesmo dar a vez a outro aprendiz. Outro artefato poético, que também já vai envolvendo os iniciados no universo da composição e criação dos cantos, diz respeito ao uso da metáfora e símbolos que estão presentes no imaginário dos reinadeiros. Nesse exemplo de canto, o capitão se referiu ao garoto como um *peixinho* que deve recorrer aos poderes da "santa" para ajudá-lo a ser um candombeiro.

Encorajado pelo poder da palavra, saudando a todos os *tambus*, sob a condução do capitão, que, ao mesmo tempo, ensinava aos outros garotos a tocar, o canto foi soprado e reforçado pelo timbre do capitão:

> Tava na senzala
> Quando um avião passô
> Deu um vento na rosera
> Encheu a senzala de flô

A análise desse ciclo de poder que o acesso à palavra cantada barganha, e em que se inicia a criança, pode ser circunscrito de acordo com Leda Martins, da seguinte forma:

> No circuito da tradição, que guarda a palavra ancestral, e no da transmissão, que a reatualiza e movimenta no presente, a palavra é sopro, hálito, dicção, acontecimento e *performance*, índice de sabedoria. Esse saber torna-se acontecimento não porque se cristalizou nos arquivos da memória, mas, principalmente, por ser reeditado na *performance* do cantador/narrador e na resposta coletiva. Combinatória e síntese de múltiplos elementos, a palavra proferida é investida de um poder de realização nas manifestações rituais de ascendência banto [...].[18]

Os versos cantados restituiu a memória dos seus antepassados através da referência ao lugar – *senzala* – onde foram submetidos os africanos escravizados, em diálogo com a infância ainda marcada pelo *avião* que não passa despercebido. Discorrendo o canto em versos que se repetiram, da mesma forma que o capitão ensinou, o menino chacoalhou o *guaiá* com a alegria do aprendizado estampada em sorrisos serenos. O candombeiro finaliza o canto acompanhando o aprendiz e ratifica a importância de se proferir o mesmo canto três vezes. Outro aspecto que deve ser pontuado diz respeito ao tema abordado nos dois casos. Tanto o capitão como a criança *puxou* como mote assuntos do imaginário infantil. É importante ressaltar que uma vez que a necessidade de não "deixar a tradição morrer" é uma preocupação recorrente no discurso dos candombeiros, a iniciação das crianças tem sido antecipada em relação à faixa etária do tempo de iniciação vivenciado pelos candombeiros dirigentes da tradição.

O momento da performance também me levou a refletir sobre as expressões da concepção do "jeito de ser candombeiro" por parte das crianças. Isso ficou evidente nas vestes dos meninos, bem como nos elementos que simbolizam o pertencimento e devoção ao Rosário. Nas cenas a seguir, encontrei alguns desses elementos como, o uso de chapéu por alguns candombeiros mais velhos, o rosário no pescoço e a blusa que identifica de onde é o Candombe (Figura 8, 9, 10 e 11). Sob a observação desses elementos, pude enxergá-los como as insígnias corporais que também são importantes constructos da identidade do homem candombeiro e que, portanto, não passam despercebidos por aqueles que estão sendo iniciados na tradição.

---

18 MARTINS, 1997, p. 146.

Figura 8 – Neto do candombeiro João Penacho, tocando o *crivo*

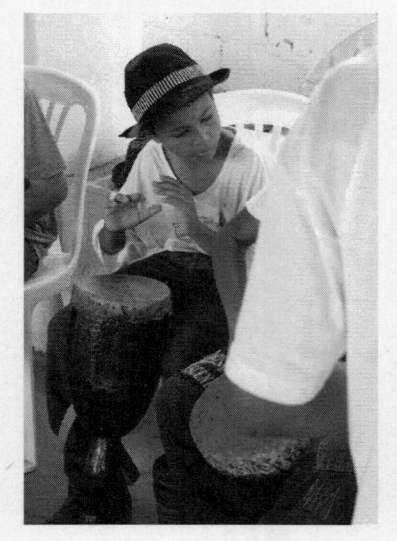

Fonte: Ridalvo Felix, 2013.

Figura 9 – Seu Raimundo tocando o *santana*

Fonte: Ridalvo Felix, 2013.

Figura 10 – Seu Jovir segurando instrumento durante o cortejo

Fonte: Ridalvo Felix, 2013.

Figura 11 – Criança concertando rosário durante o cortejo

Fonte: Ridalvo Felix, 2013.

Nesse sentido, os atos de transmissão são performances basilares de ensinamento dos aportes poéticos, instrumentais e estéticos. É na oralidade que o Candombe consegue transmitir seus conhecimentos, valores, crenças, símbolos e formas de se relacionar coletivamente, garantindo, portanto, a continuidade do patrimônio cultural e mágico do grupo.

A seguir, apresento alguns cantos proferidos pelo capitão David. No primeiro, o capitão tratou de abordar, sob a aplicação de uma metáfora, que quando o aprendiz tem vontade e quer *trabalhá* (cantar), o *papai* (candombeiro ou a tradição) ensina:

> Me dá uma enxada
> Também quero trabalhá
> Eu era menino novo
> Papai vinha me ensiná[19]

Noutro canto, o capitão convida a todos para presenciar um momento tão importante para a continuidade do Candombe – as crianças cantando, dançado e tocando. O canto chama sob o tom sincopado do *guaiá* em diálogo com o *crivo*, *chama*, *santa Maria*, *santana* e *puíta*:

> Minha gente venha vê
> Venha vê como é que é
> Venha vê as criancinhas
> Louvando a mãe do céu[20]

A resposta concedida ao capitão veio tecida também por *vivas*, antes da saída do cortejo pelas ruas da comunidade de Campinho. Um jovem, adepto da guarda de Congo, que até então estava no corpo instrumental, depois de ser apresentado pelo capitão com um canto, proferiu alguns *vivas* (performances consecutivas nas Figura 12, 13 e 14).

---

19 Versos de canto proferido pelo candombeiro David. Gravação realizada no dia 27 out. 2013, em Campinho, Lagoa Santa.

20 Versos de canto proferido pelo candombeiro David. Gravação realizada no dia 27 out. 2013, em Campinho, Lagoa Santa.

Figura 12 – Adepto da guarda de Congo tocando no corpo instrumental do Candombe

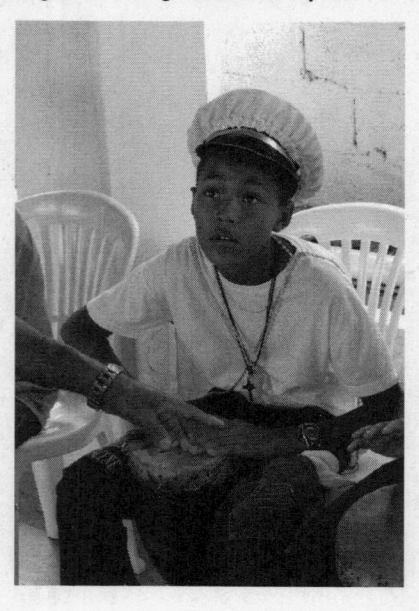

Fonte: Ridalvo Felix, 2013

Figura 13 – Capitão David reverencia e pede autorização aos tambus – o garoto é convocado ao canto pelo canto

Fonte: Ridalvo Felix, 2014.

Figura 14 – O menino segura o guaiá e profere seu canto dançado

Fonte: Ridalvo Felix, 2014.

Finalizando essa descrição etnográfica, chego a um dos momentos de muita alegria para os candombeiros. O corpo instrumental do Candombe, com exceção da *puíta*, foi conduzido pelas atenuas, mas marcantes pancadas percutidas pelas mãos dos aprendizes. Um último canto registrado no caderno de anotações fez um desfecho poético do que tem sido apreendido no dia a dia pelos garotos *candombeiros mirins*. Na performance a seguir, o menino se apropriou de um dos *guaiás* e *puxou* o canto em resposta a um dos convites feitos pelo capitão noutro momento. Desta vez, o iniciado convidou a todos para presenciar quem estava protagonizando a cena e dando continuidade à tradição do Rosário:

> Minha gente venha vê
> Venha vê como é que é
> Venha esse menino
> Tomá conta de maré

Figura 15 – Menino segurando o guaiá e proferindo um canto.

Figura 16 – Ao terminar o canto ele saúda os tambus

Fonte: Ridalvo Felix, 2014.

Fonte: Ridalvo Felix, 2014.

A vivência nesse dia, tecido por ritos que constituíram diversos rituais, proporcionou uma reflexão sobre como os candombeiros mais velhos vêm mantendo a tradição de repassar, aos poucos, os ensinamentos e práticas mágico-religiosos do Candombe. Os momentos de aprendizagem musical de cada criança também revelaram modos de relação com os mais velhos, que na tessitura das cosmologias negras, continuam reverberando seus significados em cada ato, comportamento, silêncio, conduta, valores, canto, toque e dança. Essa forma de transmissão foi também abordada por Juliana Prass que se fundamentou em Gerald T. Johnson – esse autor apresenta três perspectivas que justifica a pesquisa sobre o modo de transmissão do conhecimento musical:

> [...] primeiro, música existe em um contexto cultural; segundo, ela pode refletir em várias formas o contexto cultural, incluindo os valores e visões de mundo sobre, enfim, os músicos; e terceiro; ela pode ajudar a moldar atitudes, valores, e perspectivas no sentido de que pessoas de muitas sociedades aprendem algo externo ao som musical através da música que eles experienciam.[21]

---

21 JOHNSON *apud* PRASS, 2005, p. 53.

A experimentação e vivência auditiva, tátil e visual, sempre permeada pelos ritos e rituais, configuram as performances de práticas mágico-religiosas concedidas às crianças que vem acompanhando o Candombe e vivem essa tradição. Desta forma, assim como a transmissão dos saberes é realizada pelo/em grupo, ou seja, coletivamente – enquanto um candombeiro ensina a tocar, outro acompanha o aprendiz cantando –, as concepções dos conhecimentos também se restituem de modo coletivo e no aprender fazendo (performando). Outro aspecto importante e que também vem sendo oportunizado aos principiantes, diz respeito ao aprendizado de ritmos de todos os instrumentos. Assim como os mais velhos transitam na condução percussiva de cada um dos instrumentos, o mesmo tem se efetivado com as crianças.

O percurso que fiz até este momento permite entender que é necessário considerar os elementos que compõem a gramática das tradições, e, também, a performance dos cantantes dançantes no contexto dado para cada realização, além do sentido posto. A depender da circunstância, a performance de uma tradição negra, como o Candombe, ainda hoje pode ser vista por quem a desconhece como mais um *batuque*, principalmente se considero a performance desse grupo fora do ambiente de Festejo do Rosário ou do Reinado. Contudo, mesmo uma família de Candombe estando numa celebração "extra-Festejo", isso não a destitui do que ela é na sua comunidade de origem. O Candombe é, na sua própria comunidade e fora dela, uma tradição composta de aportes performativos e filosóficos que restituem memórias e as inscreve em cada ambiente da performance. Assim, o paradoxo sagrado/ profano imposto pelo branco, para classificar um grupo, tradição ou comunidade a partir de suas práticas culturais, incide até os dias de hoje em ditar o que pertence a essas duas categorias nas tradições afrobrasileiras. A ação do colonizador foi acreditar que tudo era *batuque* e a (re)ação dos povos reunidos e das famílias de *tambus* foi continuar (re)existindo e praticando suas tradições conforme o modo e a necessidade do lugar e do espaço-tempo... não era *batuque* e nem é.

REFERÊNCIAS

ARROYIO, Margarete. Um olhar antropológico sobre práticas de ensino e aprendizagem musical. *Revista da ABEM*, Porto Alegre, n. 5, p. 13-20, set. 2000.

BRAGA, Reginaldo Gil. Processos sociais de ensino e aprendizagem, performance e reflexão musical entre tamboreiros de nação: possíveis contribuições à escola formal. *Revista da ABEM*, Porto Alegre, v. 12, p. 99-109, mar. 2005.

CASTRO, Yeda Pessoa de. *Falares africanos na Bahia*: um vocabulário afro-brasileiro. 2. ed. Rio de Janeiro: Topbooks, 2005.

DIAS, Juliana Bras. Dança e Conflito: Uma Reflexão sobre o Toyi-Toyi Sul-Africano, *AntroPolítica*, Niterói, n. 33, p. 99-117, 2012.

FINNEGAN, Ruth. Drum language and literature. *Oral literature in Africa.* Londres e Nova York: Oxford University Press, 1970.

LUCAS, Glaura. "Chor'ingoma! Os Instrumentos Sagrados no Congado dos Arturos e do Jatobá. *MúsicaHoje*, Minas Gerais, n. 7, p. 10-31, s/d.

MARTINS, Leda Maria. *Afrografias da memória:* o reinado do Rosário no Jatobá. Belo Horizonte: Mazza Edições, 1997.

PEREIRA, Edimilson de Almeida. *Os tambores estão frios*: herança cultural e sincretismo religioso no ritual de candombe. Juiz de Fora; Belo Horizonte: Funalfa Edições; Mazza Edições, 2005.

PRASS, Luciana. Etnografias sobre etnopedagogias musicais. *Revista da Fundarte*, v. 5, p 13-20, 2005.

SANDRONI, Carlos. "Uma roda de choro concentrada": reflexões sobre o ensino de músicas populares nas escolas: IX ENCONTRO ANUAL DA ASSOCIAÇÃO BRASILEIRA DE EDUCAÇÃO MUSICAL 2000. *Anais...* Belém, setembro, 2000, p. 19-26.

SCHECHNER, Richard. O que é performance. Tradução de Dandara. *Estudos da Performance*, Rio de Janeiro, *Unirio*, v. 11, n. 12, p. 25-50, 2003.

ZUMTHOR, Paul. *A letra e a voz:* a "literatura" medieval. Tradução de Amálio Pinheiro e Jerusa Pires Ferreira. São Paulo: Companhia das Letras, 1993.

ZUMTHOR, Paul. *Introdução à poesia oral.* Tradução de Jerusa Pires Ferreira, Maria Lúcia, Diniz Pochat e Maria Inês de Almeida. 2. ed. Belo Horizonte: Ed. UFMG, 2010.

ENTREVISTAS

Capitão David, em entrevista concedia no dia 29 out. 2011, na comunidade da Lapinha, distrito de Lagoa Santa – MG.

Versos de canto proferido pelo candombeiro David. Gravação realizada no dia 27 out. 2013, em Campinho, Lagoa Santa.

Versos de canto proferido pelo candombeiro David. Gravação realizada no dia 27 out. 2013, em Campinho, Lagoa Santa.

O PROCESSO DE CONSTRUÇÃO DA EDUCAÇÃO ESCOLAR QUILOMBOLA EM UMA COMUNIDADE NO MUNICÍPIO DO SERRO: DIÁLOGOS COM PROFESSORAS E QUILOMBOLAS

Matheus Henrique Velozo Gonçalves[1]
Lorene dos Santos[2]

INTRODUÇÃO

A Educação Escolar Quilombola (EEQ) se inscreve em um movimento maior de lutas sociais e políticas da população negra pelo direito a educação. Para entender como a EEQ vem se construindo e se consolidando enquanto um projeto educativo e político, devemos considerar

---

1 Graduado em História pela Pontifícia Universidade Católica de Minas Gerais (PUC MINAS), e Mestre em Educação pela Pontifícia Universidade Católica de Minas Gerais (PUC MINAS). *E-mail:* matheusvelozo.013@gmail.com.

2 Graduada em História, Mestre em Educação, Doutora em Educação pela Universidade Federal de Minas Gerias (UFMG). Professora no Programa de Pós-graduação em Educação na Pontifícia Universidade Católica de Minas Gerais (PUC MINAS) e da Faculdade de Educação da Universidade do Estado de Minas Gerais (UEMG). Integrante do Núcleo de Estudos e Pesquisa Educação e Relações étnico-raciais da Universidade do Estado de Minas Gerais (NEPER/UEMG). *E-mail:* lorenedossantos@gmail.com.

a participação de diferentes sujeitos sociais, no âmbito dos movimentos negros organizados, das organizações específicas de luta quilombola, do Estado e o processo de institucionalização da EEQ, assim como das universidades e outras instâncias de apoio à causa quilombola.

Neste processo histórico de lutas e conquistas, um importante marco legal foi a Constituição Federal de 1988, que graças à intensa mobilização do movimento negro, incorporou em seu texto duas importantes referências aos quilombos: o direito à terra e à proteção às reminiscências históricas.[3] A partir daí, as lutas se intensificaram, resultando em importantes conquistas no plano legal e institucional, culminando com a Resolução 04/2010, que criou condições para a institucionalização da modalidade educação escolar quilombola, sendo o seu principal desdobramento a Resolução CNE/CEB Nº 8, de 20 de novembro de 2012, que definiu Diretrizes Curriculares Nacionais para a Educação Escolar Quilombola na Educação Básica (DCNEEQ). Essas Diretrizes orientam os sistemas de ensino no processo de implementação da Educação Escolar Quilombola,[4] assim como professores e outros sujeitos que podem – e devem – participar do processo. Vale ressaltar que tal Resolução foi pensada e construída a partir da atuação dos movimentos sociais, mais especificamente o movimento negro e quilombola, que por meio de suas lutas políticas, afirmaram e vêm afirmando sua cultura e identidade afro-brasileira.[5]

Merece destaque a atuação das instâncias de representação e de apoio à causa quilombola, como a Coordenação Nacional de Articulação das Comunidades Negras Rurais Quilombolas (CONAQ); a Federação das Comunidades Quilombolas do Estado de Minas Gerais (N'Golo); o Centro de Documentação Eloy Ferreira da Silva (CEDEFES); o Instituto Socioambiental (ISA) entre outros. Deve-se ressaltar, ainda, a ação institucional do Estado, nas últimas décadas,[6] sobretudo por

---

3 SANTOS, 2013.

4 BRASIL, 2012.

5 A este respeito, vale destacar as discussões realizadas no I Seminário Nacional de Educação Quilombola, realizado pelo MEC/Secretaria de Educação Continuada, Alfabetização e Diversidade (SECAD), em novembro de 2010.

6 Vale lembrar, entretanto, que essa ação foi refreada, a partir do golpe de 2016, que destituiu a presidenta eleita, e abalou a ordem democrática, em nosso país. A partir de 2018, com a eleição de um governo de extrema-direita, a ação do Estado tem caminhado em direção oposta, com o desmonte de políticas públicas, a retirada

meio da atuação de órgãos como a Fundação Cultural Palmares (FCP); Secretaria de Políticas de Promoção para a Igualdade Racial (SEPPIR) e Secretaria de Educação Continuada, Alfabetização, Diversidade e Inclusão (SECADI), do Ministério da Educação. Por fim, não se pode deixar de mencionar o crescente interesse de pesquisadores e professores pela temática quilombola, sendo notória a multiplicação de grupos de estudos e o surgimento de pesquisas acadêmicas e de projetos extensionistas, em universidade públicas e privadas, em todo território nacional, a partir dos anos 1990.

É consenso entre os movimentos sociais e entre tais instâncias que a educação quilombola deve ser pensada e construída por meio de políticas públicas de educação que promovam a participação das comunidades e o diálogo com seus saberes e práticas,[7] num processo em que os conhecimentos, as histórias, a memória, a cultura e a identidade de cada comunidade sejam articulados e incorporados aos saberes escolares. Assim, discutir e refletir sobre os saberes quilombolas significa pensar outras formas curriculares, "[...] onde o saber instituído e o saber vivido estejam contemplados, provocando uma ruptura em um fazer pedagógico em que o currículo é visto enquanto grade, hierarquicamente organizado com conteúdo."[8]

Neste processo, o/a sujeito/a professor/a e o/a sujeito/a quilombola devem ser protagonistas fundamentais para a construção da EEQ, entendendo que esta carrega intencionalidades políticas, visando à superação de estruturas de poder e saber que tentaram excluir e suprimir das escolas, e de outros espaços públicos, as culturas, as histórias e os saberes das comunidades quilombolas, no Brasil.

Considerando esta trajetória histórica, este texto apresenta parte dos achados da pesquisa de Mestrado em Educação que teve como objeto de estudo o processo de construção de uma proposta de EEQ, na comunidade quilombola de Ausente, no município do Serro, em Minas Gerais. Buscamos ouvir alguns dos sujeitos históricos envolvidos em tal processo, privilegiadamente professoras da escola localizada dentro da comunidade, e seus moradores, alguns deles, pais das crianças atendidas pela escola.

---

de direitos sociais e a conivência com interesses de grandes grupos empresariais que disputam territórios historicamente ocupados por comunidades quilombolas.

7 NUNES, 2006.

8 NUNES, 2006, p. 150.

O CAMPO DE INVESTIGAÇÃO: A COMUNIDADE E A ESCOLA

Buscamos investigar como é abordada a temática quilombola na escola da comunidade pesquisada, apontando algumas das ações desenvolvidas, temas trabalhados, saberes mobilizados e diálogos com a comunidade. Além de ouvir as vozes dos quilombolas e das professoras sobre o processo de construção da EEQ na Comunidade, também observamos indícios sobre o papel e importância da atuação de outros sujeitos sociais na construção da EEQ, especialmente os possíveis vestígios da atuação de um projeto de extensão universitária, intitulado "Educação Escolar Quilombola no Serro",[9] que desenvolveu suas atividades junto às comunidades do município, entre os anos de 2015 e 2017.[10] Tendo em vista que esta pesquisa se debruça sobre um processo em construção, de uma modalidade educacional específica e que envolve tantas questões políticas e sociais, como é o caso da EEQ, optamos pela realização de um estudo de caso, capaz de permitir que se pudesse ouvir diferentes vozes e buscar compreender os significados atribuídos pelos sujeitos à experiência investigada.

Partindo das premissas do que configura um estudo de caso,[11] buscamos observar e tentar compreender o cotidiano de dois espaços sociais profundamente interligados: a escola e a comunidade. E isso não poderia ser realizado se não nos debruçássemos, através da observação participante, de entrevistas e conversas informais, sobre as histórias, memórias e vida desta comunidade e de sua escola.

O tempo de permanência em campo foi de 34 dias, durante o ano de 2018, período em que nos hospedamos na casa da então presidenta da associação da comunidade. Desde o primeiro dia, fomos muito bem recebidos e tratados como se fôssemos da família. Acreditamos que

---

9 Cabe destacar que os autores desse artigo participaram do referido projeto, como estudante extensionista e como professora.

10 O referido projeto promoveu encontros e atividades de formação continuada junto a membros das comunidades, professores/as e coordenadores/as pedagógicos que atuavam nas escolas (ou em escolas que atendiam crianças quilombolas), das comunidades de Ausente, Baú, Fazenda Santa Cruz, Vila Nova e Queimadas, no município do Serro, MG. Cabe lembrar que as professoras da escola de Ausente que participaram das atividades de extensão não são as mesmas que atuavam na escola, no momento do desenvolvimento da pesquisa.

11 GIL, 2002.

um dos fatores que favoreceu nossa boa recepção foi o fato de termos atuado no projeto de extensão Educação Escolar Quilombola no Serro, que nos rendeu diversas visitas à Comunidade do Ausente, antes de desenvolvermos a pesquisa de mestrado. Essa aproximação anterior, certamente contribuiu para o estabelecimento de uma relação de confiança entre pesquisador e pesquisados.

As atividades de observação, durante o tempo de permanência em campo, foram organizadas em dois turnos, manhã e tarde. No turno da manhã, nos dedicamos às observações na escola, seguindo um roteiro prévio, que buscava orientar a observação da atuação das duas professoras em sala de aula, registrando o máximo de informações possíveis no caderno de campo.

As professoras pesquisadas atuavam na escola de Ausente desde 2017, tendo sido nomeadas após aprovação em concurso público realizado pela Prefeitura do Serro. Ambas residem no distrito serrano de São Gonçalo do Rio das Pedras, que fica a cerca de 26km da Comunidade de Ausente. A professora Elis[12] trabalhava com uma turma multisseriada, composta por dez alunos, sendo:

- três crianças do primeiro ano;
- quatro crianças do segundo ano
- três crianças do terceiro ano.

No caso dessa professora, acompanhamos e observamos apenas oito dias de aula.[13] Já a professora Frida trabalhava com uma turma multisseriada de nove alunos, sendo: quatro da educação infantil e cinco do quinto ano; foi possível observar e acompanhar doze dias de seu trabalho no cotidiano escolar. Além da observação participante, foram realizadas entrevistas semiestruturadas com as duas professoras da escola. Outra entrevista foi realizada com uma representante da Secretaria Municipal de Educação do Serro.

Enquanto o turno da manhã foi dedicado às observações na escola, o turno da tarde foi usado para observações e conversas informais com as lideranças da comunidade e com familiares das crianças quilombo-

---

12 Obedecendo aos parâmetros da ética em pesquisa, e atendendo ao desejo das docentes e dos moradores, os nomes de todos os participantes foram alterados.

13 Inicialmente iríamos acompanhar duas semanas de aula de cada professora. Contudo, devido a problemas pessoais, a professora Elis teve que se ausentar de suas atividades docentes por um tempo, o que reduziu o tempo de acompanhamento e observação das aulas desta professora.

las que estudavam na escola, objetivando buscar informações sobre o quilombo de Ausente, a partir da memória dos moradores, e sobre as relações dos moradores com a escola, suas percepções e expectativas. Esses momentos se apresentaram como boas oportunidades para conhecer melhor o quilombo, tendo em vista que essas conversas eram realizadas nas casas dos moradores, o que nos possibilitou percorrer quase toda a extensão da comunidade e adentrar em inúmeros lares. Durante esses momentos, além de indagar sobre a relação com a escola, tivemos a oportunidade de conversar sobre suas histórias de vida, seus sentimentos em relação à comunidade e à escola, sobre suas famílias e suas atividades de trabalho, entre outros assuntos.

Foram ouvidas dezenove pessoas da comunidade, entre lideranças e moradores de Ausente, como por exemplo, o ex-presidente e a atual presidenta da Associação Comunitária Cultural Quilombola Ausente Feliz, e pais ou responsáveis de alunos que estudavam na escola. Cabe esclarecer que as conversas com essas dezenove pessoas não se caracterizam exatamente como uma situação formal de entrevista, aproximando-se mais do modelo de "conversas informais", ainda que suas percepções acerca do tema tratado tenham sido registradas por meio de um gravador, e posteriormente transcritas. As características mais informais dessa parte da produção de dados tem a ver com nossa relação com a comunidade, construída em trabalhos anteriores dentro das atividades do projeto de extensão, e também pela própria situação de maior informalidade em que as conversas ocorreram, quase sempre acompanhadas de um café e um clima de acolhimento e receptividade.

Além da observação participante e das conversas com moradores, as informações sobre a Comunidade foram reunidas a partir de pesquisa bibliográfica, sobretudo os estudos desenvolvidos por Ferreira[14] e o breve perfil realizado pelo CEDEFES, no livro *Comunidades quilombolas de Minas Gerais no século XXI: histórias e resistência.*[15] Entendemos que algumas informações podem estar "desatualizadas", devido ao tempo que separa nossa pesquisa das referências citadas, ainda assim, pudemos obter dados relevantes para que pudéssemos compreender aspectos da história e memórias de Ausente.

A comunidade quilombola de Ausente se localiza na zona rural, no município de Serro, em Minas Gerais. A origem de seu nome é con-

---

14 FERREIRA, 2006.

15 CEDEFES, 2008.

tada em várias versões, sendo que a mais recorrente, nos relatos dos moradores, conta que era comum os trabalhadores buscarem emprego em outras regiões brasileiras, fora da comunidade. Assim, sempre que alguém procurava ou visitava uma dessas pessoas, ela estava "ausente", fora da comunidade.

Segundo dados do CEDEFES,[16] confirmada por alguns moradores, a comunidade quilombola de Ausente se origina de outra comunidade quilombola, localizada na mesma região, de nome Baú. Alguns moradores de Baú e Ausente têm relações de parentesco, e fortes vínculos identitários e culturais. Como é informado pelo CEDEFES,[17] ambas as comunidades têm sua origem nos povos africanos banto, sequestrados na condição de escravos, e trazidos para a região. Quanto ao pertencimento religioso, observa-se a presença de evangélicos e católicos.

Uma das importantes tradições religiosas da comunidade é a dança dos Catopés,[18] durante a festa de Nossa Senhora do Rosário, ocorrida no distrito serrano de Milho Verde. Além disso, os moradores de Ausente têm como padroeira da comunidade a Nossa Senhora da Aparecida, sendo que os grupos de Catopés de ambas as comunidades comemoram, dançam e celebram, nos dias 12, 13 e 14 de outubro as festividades de sua padroeira.

Outro elemento de identidade cultural entre alguns moradores de Ausente é o fato de conhecerem algumas palavras e cantos das línguas banto, conhecidos como Vissungos.[19] Segundo os moradores, esses cantos eram entoados para fazer o velamento dos mortos, e durante o trabalho na mineração e no plantio; para eles, esse seria um dos motivos do progressivo esquecimento e abandono dos cânticos do Vissungo, pois trariam memórias dolorosas, que eles têm preferido esquecer.

---

16 CEDEFES, 2008.

17 CEDEFES, 2008.

18 Catopê é uma dança afrobrasileira que compreende uma das chamadas "famílias sete irmãos do congado", juntamente com Candombe, o Congo, o Moçambique, o Marujo, o Caboclinho, o Cavaleiro de São Jorge e o Vilão. Cf.: MARTINS *apud* FERREIRA, 2006.

19 Vissungos são cantos afro-brasileiros, nos quais se mistura palavras do léxico africano – principalmente do grupo étnico linguístico banto, localizado na região da África Central – com a língua portuguesa. Cf.: NASCIMENTO *apud* FERREIRA, 2006.

Segundo informações levantadas por Ferreira, a comunidade do Ausente é constituída por 63 famílias, que vivem do cultivo do feijão, milho, cana-de-açúcar e farinha.[20] A atividade garimpeira também fazia parte do cotidiano dos moradores, mas atualmente essa atividade não é mais realizada na comunidade. Ausente se encontra dividida em pequenas porções de terras, onde se pratica a agricultura familiar; sendo que alguns moradores participam do Programa Nacional de Alimentação Escolar (PNAE) e do Programa de Aquisição de Alimentos (PAA), ambos do governo federal, que compra os alimentos produzidos pela comunidade, visando fomentar a agricultura familiar e a distribuição de alimentos em escolas e outras instituições públicas. Os núcleos familiares de Ausente são compostos, em sua maioria, por mulheres/mães que permanecem na comunidade, cuidando das plantações, e por seus filhos(as), já que a maioria dos homens buscam sustento e emprego fora da Comunidade, sobretudo nas grandes cidades e capitais do país, como Belo Horizonte, São Paulo etc.

A comunidade está localizada em um espaço territorial de dimensão expressiva, sendo dividida em duas regiões: Ausente de Cima e Ausente de Baixo, atravessadas pelo Rio Jequitinhonha. Quanto à organização política e comunitária, existe na Comunidade a "Associação Comunitária Cultural Quilombola Ausente Feliz". Entre as atividades da associação se destacam as reuniões para discussões das demandas e ações da comunidade, que ocorrem sempre no primeiro domingo de cada mês, sendo registradas e lavradas em ata, por seus moradores.

As reuniões da associação são realizadas na Escola Municipal José Sales Gomes, que se localiza dentro do território de Ausente. Tal nome homenageia um fazendeiro da região que, segundo informações dos moradores, doou um pedaço de suas terras para a construção da escola. Muitos dos moradores da comunidade já trabalharam para esse fazendeiro, contudo seu nome é pouco lembrado por eles. A escola se localiza no centro de Ausente, ao lado da Igreja Católica da Comunidade, e está em funcionamento desde a sua fundação, nos anos de 1990, e no momento da pesquisa atendia dezenove alunos, da educação infantil até o quinto ano, funcionando apenas no turno matutino.

O corpo docente é composto por duas professoras, além de uma cantineira contratada pelo município, e que é moradora da comunidade. A infraestrutura da escola é composta por quatro salas, sendo duas

---

20 FERREIRA, 2006.

salas de aula, uma outra que funciona como uma espécie de sala dos professores – e onde também são guardados documentos, materiais e uma impressora –, e uma sala que se encontrava desocupada. A escola tem ainda dois banheiros, um masculino e outro feminino, um espaço com cadeiras e mesas que funciona como refeitório para alimentação das crianças, uma cozinha e uma pequena horta, onde havia algumas hortaliças plantadas. As salas de aula contêm um quadro negro e alguns materiais pedagógicos e lúdicos.

Em geral, a escola apresenta uma estrutura física simples e bem conservada, carecendo de algumas poucas reformas, como por exemplo, uma pintura na parte interna e externa do prédio escolar. O espaço externo da escola é amplo, e tem à sua frente o rio Jequitinhonha, que corta todo o território do quilombo. Esse espaço é adequado para a realização de atividades diversas com/pelas crianças, desde atividades pedagógicas até o tempo livre do intervalo de aulas.

Pode-se dizer que a escola é um espaço central e estratégico para a comunidade, onde os moradores de Ausente realizam suas reuniões associativas, e também um ponto de referência para encontros e festividades, sendo parte da história e memória local, pois além dos filhos, muitos pais também estudaram nesta escola.

AS PROFESSORAS E A TEMÁTICA QUILOMBOLA: FORMAÇÃO E PRÁTICAS PEDAGÓGICAS

Nossa pesquisa teve como um dos objetivos investigar as práticas e propostas pedagógicas em construção dentro da escola da Comunidade de Ausente. Portanto, foi imprescindível acompanharmos a rotina de sala de aula das duas professoras que lecionavam na escola de Ausente, para melhor compreendermos como são realizadas as abordagens pedagógicas e possíveis diálogos com a comunidade.

Ao ouvir as professoras e buscar analisar o trabalho por elas desenvolvido, procuramos compreender quais foram os possíveis diálogos entre a educação formal e informal, na construção de uma proposta de EEQ na escola de Ausente. Também buscamos identificar:

- seu processo de formação e escolha pelo magistério;
- suas intencionalidades pedagógicas;

- suas relações com a Comunidade;
- suas estratégias para trabalhar a cultura quilombola; os possíveis diálogos com as DCNEEQ, com a Lei 10.639/2003 e as propostas para educação do campo;
- os saberes mobilizados por essas professoras e a relação com o currículo escolar;
- as relações com a Secretaria Municipal de Educação do Serro.

Um dos primeiros aspectos que buscamos investigar, com intuito de compreender o processo de construção da EEQ na escola pesquisada, diz respeito às trajetórias de vida das professoras pesquisadas, partindo do pressuposto de que o eu profissional e o eu pessoal são indissociáveis. Assim, indagamos sobre suas origens socioespaciais e sobre formação de cada docente, com intuito de ampliarmos a compreensão sobre fatores que condicionam sua prática e os saberes mobilizados por elas em sala de aula.

Elis é formada em Pedagogia e atua como professora dos anos iniciais há mais de dez anos, tinha 42 anos, no momento da entrevista, e disse se considerar parda. Reside no distrito de São Gonçalo do Rio das Pedras, município do Serro, Minas Gerais, localizado a cerca de 26km da comunidade de Ausente, e em sua fala, disse ter "parado aqui na zona rural".[21] Segundo a professora, seu ingresso no curso superior de Pedagogia se deu por razões circunstanciais, devido à mudança da família para uma outra cidade, inviabilizando sua escolha inicial, que era pelo curso de Matemática.

A professora Frida tinha 33 anos, no momento da entrevista, e relatou ter seis ou sete anos de atuação em sala de aula. Quando perguntada sobre sua cor/raça, optou por não se identificar. Ela é formada no curso Normal Superior há cerca de onze anos, e cursou pós-graduação em Educação Infantil e Anos Iniciais. Já atuou como docente na cidade de Contagem, na região metropolitana de Belo Horizonte, e se mudou para São Gonçalo do Rio das Pedras, devido à aprovação no Concurso Público da Prefeitura do Serro. O depoimento da professora Frida mostra que sua inserção no curso superior foi definida pelo que era financeiramente viável, naquele momento, e que a relação com a profissão foi se construindo a partir das experiências de trabalho.

21 ELIS. Elis: inédito. Minas Gerais: Serro, 04/06/2018. Entrevista concedida a Matheus Henrique Velozo Gonçalves.

> Eu falo que a sala de aula me pegou, porque eu falava que não queria ser professora (risos), só que quando fui fazer o vestibular, eu fiz em faculdade particular, então escolhi a que estava mais em conta. Só que depois que eu comecei a atuar eu vi que o que eu poderia ser na vida mesmo, ser professora![22]

Os depoimentos das duas professoras entrevistadas revelam que as condições de ingresso na carreira do magistério por professores oriundos de camadas populares são muitas vezes resultado de situações circunstanciais, a partir de um leque reduzido de opções possíveis para estes sujeitos, que vão se adaptando ao que é economicamente viável e, dessa forma, vão conformando sua identidade docente por meio de experiências de formação e profissionais. Os relatos das professoras também expõem pouco ou nenhum vínculo com a comunidade quilombola Ausente, ou até mesmo com a educação do campo. Ao afirmar ter "parado aqui na zona rural", a professora Elis confirma a ideia de uma inserção contingencial, e não como resultado de uma trajetória ou escolha. As duas professoras haviam sido recentemente aprovadas e nomeadas em concurso público da Prefeitura Municipal do Serro, e, ao que tudo indica, não tiveram a opção de escolher o local de trabalho.

Sabemos que essa é uma situação comumente vivenciada por docentes recém-ingressos em sistemas públicos de ensino: as poucas opções de escolha e o encaminhamento para regiões, escolas e/ou turmas consideradas mais difíceis, ou de mais difícil acesso, preteridas por professores com mais tempo de serviço. Por isso, é comum que esses professores solicitem transferência para regiões e escolas mais próximas de sua residência, assim que tenham uma oportunidade, o que faz com que escolas localizadas em regiões mais afastadas dos centros urbanos – como é o caso de escolas do campo, quilombolas ou de periferia – vivenciem uma alta rotatividade de professores, dificultando a consolidação de um trabalho mais identificado com as realidade locais, uma das premissas da EEQ.

De fato, na comunidade investigada, este pareceu ser um dos elementos dificultadores da construção de uma proposta de EEQ. A realização de concurso público no município do Serro provocou um remanejamento de pessoal docente, e consequente afastamento da maioria dos professores que atuavam nas comunidades quilombolas da região, muitos deles há diversos anos. Muitos dos que participaram das ações

---

22 FRIDA. Frida: inédito. Minas Gerais: Serro, 04/06/2018. Entrevista concedida a Matheus Henrique Velozo Gonçalves.

de formação promovidas pelo projeto de extensão Educação Escolar Quilombola no Serro eram professores contratados, e não permaneceram nos cargos após o concurso.

Tal situação nos coloca frente à emergência de se construir políticas públicas de contratação de pessoal – tanto docente quanto para o exercício de outras funções, na Educação Básica – que considere e valorize os vínculos destes profissionais com as comunidades quilombolas em que irão atuar. Como exemplo de políticas que caminham nesta direção, podemos citar as Resoluções da Secretaria de Estado de Educação de Minas Gerais (SEE/MG), surgidas no início de 2018, que versam sobre designação em escolas quilombolas e em áreas de assentamento. Tais resoluções definiram procedimentos e critérios específicos para inscrição e classificação de profissionais da Educação Básica, no processo de designação de 2018, para atuação em escolas da rede estadual de ensino situadas em territórios quilombolas e áreas de assentamento, ou que atendem a públicos oriundos destas áreas.

De acordo com Augusta Mendonça, então Subsecretária de Desenvolvimento da Educação Básica da SEE/MG, esta iniciativa foi inédita, no âmbito do governo estadual de Minas Gerais, e resultou de amplo debate em grupos de trabalho e dos diálogos iniciados em 2015 com lideranças de movimentos sociais quilombolas e do campo. Nas palavras de Augusta Mendonça:

> Esta novidade significa que a Secretaria de Educação respeita o direito a um atendimento escolar pautado na cultura local, uma vez que, com a resolução específica, vamos abrir uma maior possibilidade para que pessoas de comunidade quilombola ou de áreas de assentamento que tenham formação adequada, de acordo com os critérios da designação, possam atuar nessas escolas.[23]

A Resolução SEE nº 3.677/2018, que dispõe sobre o processo de designação para escolas estaduais em territórios remanescentes de quilombos, foi reeditada em 2019 (Resolução SEE nº 4.064/2019) e em 2020, já sob outra administração do governo de Minas Gerais, e apresentando alterações em seu conteúdo, cuja análise extrapola os

---

[23] SECRETARIA DE ESTADO DE EDUCAÇÃO DE MINAS GERAIS. Secretaria de Educação publica resoluções específicas para designação em escolas quilombolas e em áreas de assentamento. 10 jan. 2018. Disponível em: http://www2.educacao.mg.gov.br/component/gmg/story/9447-secretaria-de-educacao-publica-resolucoes-especificas-para-designacao-em-escolas-quilombolas-e-em-areas-de-assentamento. Acesso em: 30 ago. 2021.

objetivos deste trabalho. A menção a tais Resoluções tem o objetivo de evidenciar a importância de se construir políticas públicas, em âmbito federal, estadual e municipal, para a efetivação da EEQ, e o entendimento de que o sucesso da EEQ demanda, entre outras questões, a possibilidade de favorecer e valorizar o vínculo de professores e outros profissionais que irão atuar em escolas quilombolas, com suas respectivas comunidades. Na realidade investigada, encontramos este vínculo apenas em relação à profissional contratada para atuar como cantineira, mas não identificamos uma política pública formalizada pela Secretaria Municipal de Educação do Serro para contratação específica de pessoal para atuar em escolas quilombolas.

Além de políticas específicas de contratação de pessoal, entendemos que outro elemento de grande importância para a construção da EEQ diz respeito aos programas de formação docente. Em nossa investigação, indagamos se durante a formação inicial as professoras pesquisadas tiveram alguma disciplina ou ação de formação que tratasse sobre questões relativas à temática étnico-racial e da diversidade, e mais especificamente, sobre a temática quilombola. Também perguntamos sobre o interesse e/ou oportunidades que as professoras tiveram para aprofundar tais temáticas em processos de formação continuada.

As duas professoras afirmaram que tiveram contato com discussões sobre diversidade e a temática étnico-racial, durante a formação inicial, mas que não foi abordado nenhum conteúdo sobre educação quilombola.

> Na minha formação a gente viu foi sobre diversidade, até pra poder saber trabalhar com os meninos e tudo, a cultura afro, mas quilombola especificamente eu não vi, a mesma coisa com a escola do campo, que também tem diferença, né, eu mesmo fui entender a diferença da escola quilombola com a do campo tem outro dia, isso não foi trabalhado durante minha vida acadêmica, eu formei em 1999.[24]
>
> Quilombola não, mas étnico racial, isso foi sim, alguns professores falavam sobre a história do Brasil, sobre a cultura negra, e eu formei tem uns 10 ou 12 anos.[25]

Embora as professoras pesquisadas tenham revelado que tiveram contato, em sua trajetória de formação, com conteúdo e materiais

---

24 ELIS. Elis: inédito. Minas Gerais: Serro, 04/06/2018. Entrevista concedida a Matheus Henrique Velozo Gonçalves.

25 FRIDA. Frida: inédito. Minas Gerais: Serro, 04/06/2018. Entrevista concedida a Matheus Henrique Velozo Gonçalves.

sobre a temática da diversidade e da população negra, a ausência de discussões que tratassem das especificidades da temática quilombola representam lacunas na formação docente, tornando mais desafiadora sua participação no processo de construção da EEQ. As dificuldades são reconhecidas pelas professoras, quando dizem:

> Mas a questão quilombola, a minha dificuldade é não ter conhecimento aprofundado sobre isso, a minha dificuldade é isso, de não ter nenhum curso, de ninguém chegar e falar abertamente as coisas, o que é que é, o que tem que ser, o que tem que dar, entendeu? [...] Porque se tivesse uma pessoa específica, né... Chegar e chamar a gente pra visitar uma escola quilombola que faz a diferença quilombola, eu acho que ajudaria muita a gente a mudar a prática, sabe? Explicar pra gente, colocar um modelo de atividade pra gente trabalhar e tal, eu acho que dava uma clareada enorme pra gente.[26]
>
> Falta ter alguém pra auxiliar a gente melhor nessa questão, por ser nosso segundo ano aqui, a gente não ter tido um contato com uma escola, até do campo mesmo.[27]

Os depoimentos expressam as demandas das professoras por formação continuada e parecem reivindicar uma atuação mais incisiva da secretaria de educação na promoção dessa formação.

A formação continuada ganhou maior destaque, em nosso país, a partir da década de 1990, quando passou a ser considerada como uma das ações fundamentais para a reconstrução do perfil profissional do professor.[28] Segundo Araújo e Silva,[29] a formação continuada no país se desenvolve a partir de múltiplas tendências e metodologias, que emergem de diferentes concepções de educação e sociedade, a depender de um contexto histórico e político no qual o processo educacional se insere. Nas últimas décadas, diversas instâncias passaram a atuar na formação continuada dos professores, a começar pelos próprios sistemas públicos de ensino, muitos deles constituindo órgãos próprios voltados às ações de formação. Além disso, observa-se o surgimento de projetos de formação continuada empreendidos por universidades – muitas vezes a partir de ações extensionistas, como é o

---

26 ELIS. Elis: inédito. Minas Gerais: Serro, 04/06/2018. Entrevista concedida a Matheus Henrique Velozo Gonçalves.

27 FRIDA. Frida: inédito. Minas Gerais: Serro, 04/06/2018. Entrevista concedida a Matheus Henrique Velozo Gonçalves.

28 GATTI, 1997; VEIGA, 1998; ARAÚJO, SILVA, 2009.

29 ARAÚJO; SILVA, 2009.

caso do mencionado Educação escolar Quilombola no Serro, da PUC Minas – ou por empresas de consultoria, que passaram a oferecer diversos serviços aos sistemas públicos e privados de educação.

Um exemplo de formação continuada ofertada por uma universidade pública é citado pela professora Frida, que relatou ter participado de um curso sobre educação do campo, oferecido pela Universidade Federal do Vale Jequitinhonha e Mucuri (UFVJM), e que teria sido marcante, em sua formação.

> No meu caso, eu fui fazer um curso voltado para a escola do campo, tem uns 3 meses, foi em Diamantina. Aqui na região, Diamantina tá focando muito nisso, tem um pessoal especializado em escola do campo na UFVJM... Eram encontros... Uma vez no mês, com umas 50 ou 60 pessoas, era um curso para professores. As aulas eram expositivas e os professores explicavam sobre o porquê desse pertencimento do campo, as leis que regem... Pra proteção dessa escola estar no campo, e todo o tempo analisando e pensando nas nossas práticas. Foi importante pra mim, porque como eu não tinha conhecimento dessa escola no campo, o conhecimento do porquê dessa escola ser quilombola, nesse curso eu aprendi muito... Desse pertencimento, dessa lei que rege a diferença da escola do campo e da escola quilombola, que uma escola quilombola não pode fechar e "tals", as leis que regem... Né, os amparos legais.[30]

O exemplo dado pela professora evidencia o quanto o campo da formação continuada é propício para reflexões e discussões sobre a diversidade escolar, como elenca Canen e Xavier.[31] Entendemos que a formação continuada dentro da perspectiva da diversidade pode ser um ponto de partida para discussões mais amplas sobre a EEQ e as práticas curriculares decorrentes dela.

No decorrer das observações em sala de aula e das entrevistas realizadas com as docentes, fica evidente a importância da formação inicial e continuada para sua atuação em sala de aula, e também fora dela, na perspectiva de construção da EEQ. No nosso entender, ainda que existam lacunas quanto ao aprofundamento de conteúdos sobre esta temática, uma formação inicial e continuada pautada na perspectiva crítico-reflexivo, como discutido por Gatti e Barreto,[32] baseada no desenvolvimento profissional do professor, buscando não só entender a realidade, mas também trans-

---

30 FRIDA. Frida: inédito. Minas Gerais: Serro, 04/06/2018. Entrevista concedida a Matheus Henrique Velozo Gonçalves.

31 CANEN; XAVIER, 2011.

32 GATTI; BARRETO, 2009.

formá-la, tem um potencial de expandir diálogos e promover uma sensibilidade política e social que a construção da EEQ exige.

Entendemos que o trabalho com temas e atividades que promovam a valorização da história e cultura quilombola e negra, além de constituir um novo componente curricular, carrega uma dimensão ética e política. Assim, além do domínio de novos saberes e práticas pedagógicas, o trabalho com esta temática exige que os docentes assumam compromisso político com esta causa. Tais questões demandam alterações nas propostas de formação inicial e continuada dos docentes, mas também dizem respeito à outras instâncias de formação, envolvendo processos de educação não-formal e informal.

Nas observações das aulas ministradas pelas professoras, encontramos pouca ou nenhuma relação com a realidade de Ausente, a não ser de forma muito pontual, nas poucas aulas de Geo-História que aconteceram durante nossa permanência em campo. Nas aulas de Português e Matemática, disciplinas que predominaram durante nossa observação, nos deparamos com conteúdo genéricos, sem qualquer relação com a realidade quilombola, em que as escolhas das palavras, os elementos de exemplificação e as atividades em sala de aula traziam quase nenhuma referência à realidade que circunda a vida dos alunos e da comunidade.

O que pudemos observar foram iniciativas muito pontuais de discussão da temática étnico racial e quilombola; mais especificamente, uma menção ao racismo se fez presente em uma aula de ensino religioso, cujo objetivo, segundo a professora Frida, era discutir alguns valores com os alunos, tais como amizade e respeito. Assim, seguiu-se a aula:

> Na primeira aula de Ensino Religioso que acompanhamos, foi passado um filme para todos os alunos da escola. O filme de animação, de nome *Sing*, apresenta uma realidade em que os animais são representados como membros de uma sociedade, e cada um desempenha um determinado papel. Dentre os personagens, a família de gorilas representava os ladrões do filme. Ao voltarmos para a sala, fui surpreendido por uma discussão iniciada pela professora Frida, que tentava instigar seus alunos a identificar o racismo contido nessa narrativa. [...]. [33]

As aulas de Ensino Religioso são lecionadas uma vez por semana, e essa aula que acompanhamos foi dedicada à exibição do filme e a uma breve provocação por parte da professora, sobre o seu conteúdo, já no final da aula, quando não lhe restava muito tempo para aprofundar o debate. Na

---

33 Anotações do Caderno de Campo, sala da professora Frida, 21/06/2018.

semana seguinte, no horário dedicado ao "Ensino Religioso", a discussão iniciada na aula anterior não foi retomada, sendo exibido um outro filme de animação que não dialogava ou fazia referência com o havia sido trabalhado anteriormente. Este episódio é revelador do quanto ainda é comum a circulação de materiais que podem reforçar estereótipos e representações racistas dentro das escolas, mesmo quando estes conteúdos são apresentados em formatos supostamente inofensivos, por meio de narrativas em que os animais são os personagens principais, mas onde são representadas situações vivenciadas pelas sociedades humanas. Identificar as mensagens racistas contidas em materiais desta natureza, e promover discussões com os alunos, com intuito de desconstruir as representações aí reproduzidas, seria o papel de um docente comprometido com a educação antirracista. Além de uma intencionalidade voltada a este propósito, o docente precisa estar preparado para fazer leituras e análises dos materiais que chegam às escolas, o que nem sempre acontece.

Embora as professoras investigadas tenham afirmado a importância do trabalho com a temática quilombola e étnico racial, e tenhamos podido identificar algumas situações pontuais em que a realidade de Ausente compareceu à sala de aula, as ações pedagógicas que observavamos se mostraram alheias a esta realidade, com pouca ou nenhuma vinculação à cultura e identidade quilombola, ou à história e cultura daquela comunidade, em especial.

Cabe esclarecer que, como afirmam as autoras Souza, Nunes e Melo,[34] não é possível estabelecer um único paradigma definido do que é a EEQ, tendo em vista que ela deve ser compreendida nos espaços da vida e da territorialidade, em que a educação formal deveria ser vista como promotora de diálogos com as "[...] experiências cotidianas da memória e ancestralidade quilombola."[35] Assim, embora reconhecendo que existem muitos caminhos para a construção da EEQ, entendemos que esta não pode prescindir de ir ao encontro de saberes ancestrais quilombolas, aprendidos e ensinados por meio da convivência cotidiana, em situações de educação informal. Indagando-se sobre quem é o educador, em cada campo da educação, Gohn afirma que,

> Na educação formal sabemos que são os professores. Na não-formal, o grande educador é o "outro", aquele com quem interagimos ou nos integramos. Na educação informal, os agentes educadores são os pais, a família

34 SOUZA; NUNES; MELO, 2016

35 SOUZA; NUNES; MELO, 2016, p. 41.

em geral, os amigos, os vizinhos, colegas de escola, a igreja paroquial, os meios de comunicação de massa etc.[36]

Compreendendo a complexidade do processo de construção da EEQ, e considerando o tempo reduzido de observações em campo, optamos por indagar as professores e os membros da comunidade sobre possíveis atividades que tenham ocorrido em momentos anteriores à nossa presença, e que pudessem evidenciar aproximações da escola – e de suas professoras – com os saberes da comunidade e a vida dos quilombolas. Assim, buscamos identificar possíveis diálogos entre a educação formal e processos educativos não formais ou informais, buscando compreender se a cultura e identidade quilombola, em algum momento, foi considerada e participou da configuração dos saberes escolares.

As professoras nos relataram sobre duas atividades anteriormente realizadas, e que foram confirmadas por alguns quilombolas de Ausente. Pelos depoimentos, tais atividades foram decorrentes de uma proposta da Secretaria Municipal de Educação do Serro, comum para todas as escolas da rede municipal, realizada no mês de agosto de cada ano escolar, conhecido como o "Mês da Família". Ainda que tenha se tratado de uma proposta definida pela Secretaria de Educação, com pouca participação e protagonismo das professoras em sua concepção, e sem continuidade ao longo do ano letivo, as atividades relatadas evidenciam exercícios de aproximação da escola com os saberes ancestrais quilombolas.

A primeira atividade relatada envolveu diálogos com saberes da culinária local, em que uma moradora, que é também uma liderança da comunidade, foi convidada pelas professoras para realizar uma oficina de preparo de biscoito com as crianças, dentro da escola. A segunda atividade relatada consistiu em visitas organizadas pelas professoras às casas de alguns alunos, para realizarem uma espécie de piquenique, seguido de contação de histórias, envolvendo as docentes, os alunos e seus pais. De acordo com a memória de outra moradora, essa atividade teria sido realizada ao longo de uma semana, em diferentes casas, ocorrendo uma visita por dia, mas pelo depoimento da professora Elis, parece ter ocorrido uma única visita. De qualquer forma, essas atividades parecem ter tido significados diferentes para as docentes e para os quilombolas que participaram, e esses diferentes significados se expressam também pelas memórias que guardam:

---

36 GOHN, 2006, p. 29.

Fui fazer uma atividade de quitanda caseira com eles. Eu fui, a professora me chamo, porque os aluno precisava de conhecimento nas coisa de cultura […]. Então, me invoco de tá ino na escola um dia pra tá passando essas dica. Sai daqui e fui, fui muito aplaudida e gostei muito […], os menino me aplaudiru muito, as professora gostaram muito, falaram pra vorta outra vez pra fazer outras espécie, tô aqui no que eu puder fazer, e tô pronta pra isso.[37][38]

Ano passado a gente propôs de ir na casa de umas famílias, no mês de agosto, só que a gente sente… A mãe que vem aqui na escola, que é mais próxima… A supervisora sugeriu uma outra casa que a gente não tinha abertura de ir… Perguntamos a Dona Laura. se a gente podia ir na casa dela, fazer um piquenique, ela recebeu a gente de coração aberto, foi legal! Mas a gente não tem essa abertura de conhecer a família, você entendeu? De falar assim, pegar uma vez por semana e ir na casa de cada um… A gente não tem essa abertura! Pode ser que, por a gente tá aqui desde o ano passado, a gente consiga fazer isso, mas a gente não tem essa abertura! Eu fui muito bem recebida aqui, mas no dia-a-dia a gente percebe que não dá pra fazer isso, né! Então fica a desejar, por nossa parte a gente cansa de falar que estamos aqui, que eles podem vir, quem quiser assistir aula, participar![39]

Embora no contexto da pesquisa não tivéssemos elementos suficientes para realizar uma análise mais aprofundada dessas atividades e de seus significados, tanto para as professoras quanto para membros da comunidade, entendemos que elas parecem representar possíveis caminhos para uma aproximação entre escola e comunidade. Apesar dos limites da análise, foi possível perceber que tanto as docentes, quanto os quilombolas, avaliam positivamente as atividades e defendem a necessidade dessa aproximação. No entanto, se para a liderança comunitária sua participação em uma atividade na escola foi motivo de muito orgulho e satisfação, o relato da professora denota certa apreensão com essa aproximação. A professora demonstra se sentir pouco à vontade em visitar as casas dos alunos, ao mesmo tempo em que reforça que a escola está aberta para a presença das famílias. Em qualquer dos casos, arriscaríamos dizer que parece haver dificuldades de comunicação en-

---

37 Assim como procedemos em relação às professoras, o nome de membros da Comunidade também foram alterados, para garantir o anonimato de todos os depoentes. Procuramos manter a grafia mais próxima possível da linguagem oral, em respeito à cultura dos sujeitos participantes.

38 D. CONCEIÇÃO. D. Conceoção (liderança quilombola de Ausente), 62 anos: inédito. Minas Gerais: Serro, 12/07/2018. Entrevista concedida a Matheus Henrique Velozo Gonçalves.

39 ELIS. Elis: inédito. Minas Gerais: Serro, 04/06/2018. Entrevista concedida a Matheus Henrique Velozo Gonçalves.

tre professoras e famílias, o que poderia ser um dos elementos a desfavorecer o processo de construção da EEQ.

Compreendemos que os diálogos entre saberes da educação formal e informal podem fortalecer a construção da EEQ e, como nos dizem Souza, Nunes e Melo,[40] ajudar a construir a especificidade de uma educação em áreas remanescentes de quilombos. A educação escolar quilombola demanda que a escola e seus agentes busquem compreender as formas tradicionais de manusear a terra e a vida, procurando sistematizar, por intermédio de metodologias interdisciplinares, saberes e práticas que transcendem os padrões de conhecimentos hegemônicos nos currículos escolares.

No entanto, de acordo com nossas observações de campo, há mais silenciamentos do que atividades efetivas que possibilitem os diálogos necessários à construção da EEQ na escola de Ausente, denotando um longo caminho a ser percorrido na efetivação da EEQ nesta Comunidade.

OS MORADORES DA COMUNIDADE E A EDUCAÇÃO ESCOLAR QUILOMBOLA: ASPECTOS CULTURAIS E IDENTITÁRIOS DE AUSENTE

Para ampliarmos a compreensão sobre as possibilidades de construção da EEQ, julgamos necessário ouvir os moradores da comunidade, em especial as lideranças e os pais e mães de Ausente, dentro do pressuposto de que são sujeitos fundamentais neste processo. Assim, através de observações em campo e conversas com esses sujeitos, buscamos analisar diversos aspectos que, no nosso entender, estão relacionados com a EEQ, tais como: a participação dos quilombolas e sua relação com a escola e os professores; suas histórias, memórias, cultura, identidade e saberes.

Além disso, a partir da análise dos dados construídos em campo, buscamos também indícios sobre o papel das ações promovidas pelo projeto de extensão universitária Educação Escolar Quilombola no Serro, da PUC Minas, desenvolvido entre 2015 e 2017, no processo de construção da EEQ na comunidade de Ausente, rastreando pistas de possíveis impactos, lembranças e esquecimentos, continuidades e rupturas.

---

40 SOUZA; NUNES; MELO, 2016.

Um de nossos primeiros interesses foi o de entender como aqueles moradores se veem e se identificam, enquanto membros de uma comunidade quilombola. Para tal, foi necessário observar e aprender sobre dimensões culturais e identitárias da comunidade de Ausente, ao mesmo tempo em que atentamos para o comparecimento – ou não – destas dimensões, em sala de aula.

Enfatizamos, em primeiro lugar, que a identidade quilombola precisa ser compreendida em sua dimensão histórica e antropológica, como fruto de um processo polissêmico e atravessado por lutas e disputas, no campo político e semântico. Segundo Arruti, o processo de ressemantização do conceito de quilombo se inicia em meados do século XX, a se dissemina a partir dos anos 1970, em meio às lutas empreendidas pelos movimentos negros, que elege o quilombo como ícone da "resistência negra".[41] "O ponto culminante desse processo de ressignificação é o livro 'O Quilombismo', de Abdias do Nascimento (1980)".[42] Segundo Arruti (2017), a definição de Abdias teria sido inspiração para a formulação do Artigo 68 do Ato das Disposições Constitucionais Transitórias (ADCT), da Constituição de 1988: "Aos remanescentes das comunidades dos quilombos que estejam ocupando suas terras é reconhecida a propriedade definitiva, devendo o Estado emitir-lhes os títulos respectivos",[43] mesmo que não houvesse uma definição substantiva para a expressão empregada.

O processo de ressemantização do termo quilombo prossegue com as lutas camponesas pela reforma agrária, ao mesmo tempo em que se realizam os primeiros encontros estaduais e regionais de comunidades negras rurais, e multiplicam-se os estudos antropológicos sobre formações camponesas, realizadas em regiões marcadas pela forte presença do campesinato negro.[44] Antropólogos que vinham trabalhando com grupos rurais negros, em diferentes regiões do Brasil, propuseram uma nova definição para o termo, e segundo a Associação Brasileira de Antropologia,[45] citada por Arruti:

---

41 ARRUTI, 2017.

42 ARRUTI, 2017, p. 111.

43 BRASIL, 1988.

44 ARRUTI, 2017.

45 ABA, 1994.

[...] a categoria "remanescentes de quiolombos" deve compreender todos os grupos que desenvolveram práticas de resistência na manutenção e na reprodução de seus modos de vida característicos em um determinado lugar, cuja identidade se define por uma referência histórica comum, construída a partir de vivências e de valores partilhados. Nesse sentido, eles se constituem como "grupos étnicos", isto é, um tipo organizacional que confere pertencimento através de normas e meios empregados para indicar afiliação ou exclusão, cuja territorialidade é caracterizada pelo "uso comum", pela "sazonalidade das atividades agrícolas, extrativistas e outras e por uma ocupação do espaço que teria por base os laços de parentesco e vizinhança, assentados em relações de solidariedade e reciprocidade".[46]

Tal definição sustentou o reconhecimento, por parte do Ministério Público Federal, da legitimidade e legalidade de se reconhecer e proteger os direitos das comunidades quilombolas, sendo o primeiro deles, o direito ao território. Isso permitiu e desencadeou um processo de reivindicações, por parte de várias comunidades negras rurais, pelo direito à regularização de suas terras e por políticas públicas específicas, dando origem a um novo movimento social, o movimento quilombola.[47] O primeiro passo de um longo processo de lutas rumo à conquista da titulação das terras é o autorreconhecimento pelos próprios quilombolas, condição para o pedido de Certificação, junto à Fundação Cultural Palmares. Este procedimento é regulado pela Portaria nº 98/2007, desta Fundação, que traz a exigência de que a comunidade apresente Ata da Reunião da Assembleia realizada entre os moradores, e um histórico da comunidade. "A certificação é o reconhecimento formal do Estado brasileiro da existência da comunidade e de sua condição quilombola."[48] A Comunidade de Ausente foi certificada pela Fundação Cultural Palmares em 03/09/2012. Ao perguntarmos a alguns moradores sobre "o que é ser quilombola e como seria viver nesta comunidade", ouvimos:

Eu sinto orgulho de ser quilombola, mas não tô vendo nada de melhora nos direito que os quilombola têm, todos sabe que nós têm, mas os direito num tem como chegar até eles. Mas ser quilombola é ser de nação, nós viemos da nação dos escravos, que era muito sofrido, nós nus transformemos em quilombola, pelos anos que nossa Comunidade é reconhecida já era pra gente tê muita coisa aqui [...]. Pra mim é ser uma indústria de trabalho dentro da comunidade quilombola, [...]. Mas viver da roça é maravilhoso, só de nós tê os alimento que nós mesmo faz, nós mesmo produz, prepara

---

46 ABA *apud* ARRUTI, 2017, p. 113.

47 ARRUTI, 2017.

48 SANTOS, 2013, p. 3.

nossa terra, colhe do jeito que nós vê e num tem agrotóxico, isso pra mim é uma grandeza de tá trabalhando na nossa terra, aqui eu vivo na liberdade, num tem dinheiro, mas tem liberdade.[49]

Não sei o que é quilombola não, mas, uai... Morá e vivê aqui eu gosto daqui porque já... Eu não gosto de cidade eu gosto de ficá na zona rural sossegada, porque é mais tranquilo, não tem barulho, e tudo o que a gente faz é mais tranquilo nessa Comunidade... Eu sempre gostei daqui, nunca quis sair daqui... Por isso... Tudo de bom.[50]

A luz do referencial teórico e dos depoimentos e observações, procuramos entender a cultura e identidade quilombola dentro de uma perspectiva relacional e situacional de identidade cultural. Segundo Cuche, essa premissa compreende a identidade como "[...] uma construção que se elabora em uma relação que opõe um grupo aos outros grupos com os quais está em contato",[51] devendo-se considerar "[...] que a identidade se constrói e se reconstrói constantemente no interior das trocas sociais."[52]

Destarte, cultura e identidade não são heranças biológicas definidas a partir do grupo, não são estáticas e definidas de maneira imutável. Esses conceitos são construções históricas alicerçadas na relação de um grupo com outros, nas memórias coletivas e individuais.

Mas o que os quilombolas de Ausente nos dizem sobre sua história e memória, suas identidades e cultura, seus saberes e fazeres? Nos depoimentos, podemos perceber a força de algumas referências, tais como os laços de solidariedade e parentesco; a relação com a terra e os saberes e fazeres do trabalho; a ancestralidade negra e escrava; direitos étnicos; manifestações religiosas e linguísticas como Vissungos e Catopê, entre outros. Sobre estes últimos, ressaltamos que ainda que poucos moradores conheçam os Vissungos e apenas alguns dancem o Catopê, a importância dessas manifestações e tradições culturais é afirmada por muitos deles. Vejamos alguns depoimentos que evidenciam saberes e fazeres e expressam dimensões da identidade e cultura quilombola:

---

49 D. CONCEIÇÃO. D. Conceição (liderança quilombola de Ausente), 62 anos: inédito. Minas Gerais: Serro, 12/07/2018. Entrevista concedida a Matheus Henrique Velozo Gonçalves.

50 D. DOLORES. D. Dolores (quilombola de Ausente), 55 anos: inédito. Minas Gerais: Serro, 10/07/2018. Entrevista concedida a Matheus Henrique Velozo Gonçalves.

51 CUCHE, 2002, p. 182.

52 CUCHE, 2002, p. 183.

Catopê é uma dança da África, toda linguagem que nós cantamo é da África, Vissungo, tudo é da África. Pra mim o Catopê é uma grande importância, já tem quase 60 anos que eu danço, que eu faço parte desse grupo, eu comecei tava de cinco pra seis ano e vou dano continuidade, já morreu vários patrão, contra mestre, e nóis vamo remando, a gente junta o pessoal que anima da dança tamém, porque pra dançar tem que gostá. […] Tem várias palavras que é do Vissungo, mas o dialeto é diferente. Eu nem gosto de fala os Vissungo não, recorda muita coisa, e eu não gosto de cantá. Porque cantá Vissungo é pra carregar difunto, no quarto, pra gente morta. Na cidade eles chama de velório, aqui chama de fazer quarto. Mai o Vissungo veio da África, porque nossa descendência é africana, fico aqui no Brasil sendo dialeto africano.[53]

O que é pra você fazê, que a gente sabe que é uma coisa que vai dá futuro, a gente faz com toda alegria. Ocê trabalhar procê, pode ser pouco, mas cê fica agradecida. Igual, uma rapadura que eu faço aqui, ela vale quinze reais, num vale nada, mas fui eu que fiz, eu fiz do meu próprio! Trabalhar pra gente num tem coisa melhor![54]

Eu criei minha família toda aqui, onze filhos aqui, já ajudei meus pais a trabalhar aqui desde menina, aqui é um lugar tranquilo, tem lugar pra gente prantá a vontade, significa família, porque aqui é tudo parentesco.[55]

Mas eu sempre trabaiei na roça, até já garimpei mas foi pouco, não era igual os antepassados nosso não, que vivia no garimpo, […] mas o meu é mais é roça […] cada terra tem a função dela. Só que tem o seguinte, por exemplo, se a terra é de areia, ela é mais arenosa, ocê vai prantá nela uma mandioca, ela já não é boa pra milho. Agora tem a terra massapé, que é aquela terra mais vermeia, ela já é boa mais pra milho, ela é mais forte. Aí tem a massapé branca, que é mais pra mandioca. São três qualidade de terra e no mais tem os brejo, que é terra de arroz. Isso tudo eu aprendi com os véio, eles falava e a gente gravava.[56]

[…] tem as fase da lua que meu pai ensinô pra gente, lua nova, cheia, crescente e minguante. Se ocê fizer uma prantação na lua nova, num é boa de

---

53 D. DU CARMO. D. Du Carmo (quilombola de Ausente), 64 anos: inédito. Minas Gerais: Serro, 12/07/2018. Entrevista concedida a Matheus Henrique Velozo Gonçalves.

54 D. CONCEIÇÃO. D. Conceoção (liderança quilombola de Ausente), 62 anos: inédito. Minas Gerais: Serro, 12/07/2018. Entrevista concedida a Matheus Henrique Velozo Gonçalves.

55 D. LAURA. D. Laura (mãe quilombola de Ausente), 52 anos: inédito. Minas Gerais: Serro, 22/06/2018. Entrevista concedida a Matheus Henrique Velozo Gonçalves.

56 SEU ANTONIO. Seu Antonio (quilombola de Ausente), 54 anos: inédito. Minas Gerais: Serro, 28/06/2018. Entrevista concedida a Matheus Henrique Velozo Gonçalves.

prantá, até produz bastante, mas da muita broca e caruncho, então num é bom prantá na força da nova não. Mas se for colher ocê tem que colher na minguante, sempre nela, pra produzir menos caruncho. E tem outra coisa, quando a lua aparecia tombada meu pai falava que num ia tê chuva, mas quando ela vinha pruminha aí era quando a lua trazia chuva, aí, meu pai passou essa experiência pra nós.[57]

Ó, isso mamãe ensinô a gente desde os sete anos, igual eu te falei que sô nascida e criada aqui, nunca saí pra fora, então, mamãe sempre assim, trabalhando e levando a gente, então eu aprendi com os pais. Fazendo. Com meus braço também. Aí a gente ia percebendo o lugá que ia 'cê' bom pra prantá, qual que não ia 'cê', e a gente também, igual eu falo com meus filho, a gente também já ia tentando, de curiosidade da gente seja plantando lá um molhinho de cana, um pedacinho de mandioca, entendeu? A gente de curiosidade já ia tentando plantá.[58]

Os depoimentos evidenciam alguns dos processos de educação informal, envolvendo as famílias e, sobretudo, o aprendizado do trabalho, no qual os saberes da terra e do plantio são ensinados, quase sempre de forma não intencional e não estruturada, mas como parte do cotidiano do trabalho rural das famílias.

Todos esses saberes compõem um rico e sofisticado repertório epistemológico quilombola que, em certa medida, contribui para a afirmação da identidade e da cultura da Comunidade, de suas lutas, histórias e memórias. Vizolli, Santos e Machado, estudando as ideias matemáticas contidas nos saberes da produção da farinha na comunidade quilombola de Lagoa da Pedra (TO), relatam que os saberes da comunidade são determinados pelos modos de vida desses quilombolas, estabelecendo-se, assim, relações com o meio ambiente, que, por sua vez, atendem às necessidades de sobrevivência e constroem outros saberes na relação com os outros e com o território, ou seja, "Trata-se de um cotidiano impregnado de saberes e fazeres próprios da cultura da Comunidade."[59]

O conjunto de saberes da comunidade de Ausente é vasto, aparecendo de várias maneiras e formas. Outro exemplo diz respeito ao processo de produção da farinha, como evidenciado no depoimento:

---

57 D. MARTA. D. Marta (quilombola de Ausente), 58 anos: inédito. Minas Gerais: Serro, 07/07/2018. Entrevista concedida a Matheus Henrique Velozo Gonçalves.

58 D. DILMA. D.Dilma (mãe quilombola de Ausente), 36 anos: inédito. Minas Gerais: Serro, 03/07/2018. Entrevista concedida a Matheus Henrique Velozo Gonçalves.

59 VIZOLLI, SANTOS; MACHADO, 2012, p. 591.

> Na farinha ocê ranca a mandioca, rapa ela, passa na roda, muitas vezes nóis ralava no ralo, quando era mais nova, aí rela ela ponhe na prensa pra secá, depois de seca ocê esfarinha a massa na roda, ela vai ficar fininha e ponhe na pedra com fogo brando, porque se o fogo for muito esperto a massa vai embolar, aí não dá farinha boa, ocê só desperta o fogo depois de um tempo, aí ela vai ficano torradinha e fininha, ocê vai mexeno nela e é isso que a gente faz. Eu já fiz, sozinha, uma quarta de farinha em um dia, ralada no ralo ainda.[60]

Aqui, vemos que o saber-fazer da farinha não se constitui um trabalho automático ou mecanizado, no qual o trabalhador é apenas um executor do serviço, mas que mobiliza saberes transmitidos de geração a geração, em um processo diretamente ligado à memória do grupo. A produção de farinha não se restringe a fazer e vender, mas trata-se de um processo de produção que contém traços emocionais que trazem à tona memórias e histórias que fazem parte da vida de alguns moradores. A relação de trabalho, território e sociabilidade entre os quilombolas implica uma relação de construção de conhecimentos e saberes.[61] Esses saberes são passados por meio da oralidade, fortificando a memória e a história dessa Comunidade, contribuindo para a concepção de cultura e identidade, que se constrói e reconstrói nas atividades do trabalho cotidiano, com e para a família e a Comunidade.

Destarte, nos relata Vizolli, Santos e Machado que as necessidades diárias de organização e independência das comunidades quilombolas geram inúmeros saberes, que são manifestados culturalmente e identitariamente na produção de alimento, no cultivo das lavouras, nos hábitos alimentares, nas manifestações religiosas, entre outros.[62] É também possível perceber essas dimensões na comunidade quilombola de Ausente, como foi visto através dos depoimentos.

Em nossas observações, conforme dito anteriormente, não encontramos referências a tais saberes, dentro das salas de aula, ou algum movimento mais sistemático, por parte da escola, para favorecer o compartilhamento desses saberes pelos próprios quilombolas. Enquanto parte de uma educação informal, eles permanecem alijados da educação escolar.

---

60 D. MARIA FAUSTINA D. Maria Faustina (quilombola de Ausente), 65 anos: inédito. Minas Gerais: Serro, 10/07/2018. Entrevista concedida a Matheus Henrique Velozo Gonçalves.

61 VIZOLLI; SANTOS; MACHADO, 2012.

62 JESUS *apud* VIZOLLI; SANTOS; MACHADO, 2012.

Ratts, Costa e Barbosa compreendem que a educação informal na comunidade deve ser pensada dentro do "modo de vida" e da cultura local, não se limitando apenas a visões estereotipadas da cultura quilombola, sendo esse "modo de vida", os saberes locais; a memória coletiva da comunidade; as relações de parentesco; as formas de construção, plantação, colheita; o enfrentamento de problemas como a discriminação social e racial, ou seja, todo um conjunto de experiências, saberes e fazeres que constituem o repertório social, político e histórico de cada realidade quilombola, em suas especificidades.[63]

Essa transmissão de saberes e tradições não se esgota, sendo renovada através dos tempos, passada de uma geração a outra, como foi observado em algumas ocasiões, no período do trabalho de campo, quando era comum ver pais/mães, filhos e filhas roçando a terra ou colhendo juntos. O que foi observado em campo e confirmado pelos depoimentos é que os moradores de Ausente compreendem a importância desses saberes e têm uma expectativa de que sejam trabalhados na escola. Percebemos em suas falas uma intencionalidade política e social de construir uma educação capaz de valorizar a realidade da comunidade, suas histórias, seus saberes e cultura. No entanto, ainda parece haver certa confusão sobre os possíveis diálogos entre os saberes tradicionais e os saberes escolares, ou sobre qual seria o papel da escola em relação a estes saberes. Seria a escola responsável por ensinar para as crianças de Ausente as formas de trabalho na terra, as benzeções e outras práticas culturais presentes na comunidade? Deveria a escola assumir o ensino dos saberes que tradicionalmente fazem parte da educação informal? Alguns depoimentos, ao abordarem a importância e o papel da escola, deixam certa dúvida sobre quais seriam as demandas e expectativas em relação a escola, e até uma certa confusão sobre as relações entre educação formal e informal.

> Eu acho que tem que ensinar a cultura da Comunidade, acho importante, os meninos têm que... Igual, nós velhos a gente sabe como as coisas da Comunidade funciona, e eles não sabe dizer que eles são quilombolas, isso tem que ser ensinado lá, porque eles não tão sabendo essas coisa, então eles têm que crescer sabendo.[64]

---

63 RATTS; COSTA; BARBOSA, 2006.

64 D. LAURA. D. Laura (mãe quilombola de Ausente), 52 anos: inédito. Minas Gerais: Serro, 22/06/2018. Entrevista concedida a Matheus Henrique Velozo Gonçalves.

> Os menino tem que aprender desde escola e os pais tem que ensiná em casa também [...]. É importante os menino aprendê na escola, pra crescer sabendo as benzeção, as informação de como que acontece né, é bom eles tá sabendo, as raízes![65]

No processo de construção da EEQ, a escola, responsável pela educação formal, deve promover a sistematização de saberes e fomentar diálogos com temas e questões presentes na educação informal e não formal, em uma fina sintonia com a realidade da comunidade em que está inserida. Da mesma forma, espera-se que a comunidade participe desse processo, indicando temáticas e questões que considera mais relevantes, e abrindo-se para o diálogo e a participação junto à escola, em um caminho de mão dupla. Dito isso, procuramos também entender se a comunidade participa da vida da escola, e se a escola participa da vida da comunidade, na visão dos moradores.

O primeiro passo para compreender essa relação foi o de procurar saber quais eram os significados que aquela escola tinha para os moradores de Ausente, entendendo que as escolas quilombolas que se localizam dentro das comunidades devem ser pensadas como parte desse território.

Como já dissemos, a escola José Sales Gomes se localiza em um lugar central e estratégico, constituindo-se como importante referência, ponto de encontro, reuniões e festividades. Nas conversas com os moradores, vários deles enfatizaram a importância de ter uma escola na própria comunidade, evitando que as crianças percorram longas distâncias ou tenham que se deslocar para outras regiões ou para a cidade, como aconteceu com muitos deles. A escola é vista, então, como uma escola da comunidade, um local repleto de memórias e histórias, mas também, como uma conquista da Comunidade, um direito finalmente concretizado, como pode ser visto nos depoimentos dos moradores:

> A escola representa uma coisa muito boa, porque assim... Evita da gente tá mandando as crianças pra fora da comunidade, pra gente isso é uma vitória! Mas ela é importante na Comunidade porque valoriza a Comunidade [...].[66]

---

65 D. AUGUSTA. D.Augusta (mãe quilombola de Ausente), 32 anos: inédito. Minas Gerais: Serro, 05/07/2018. Entrevista concedida a Matheus Henrique Velozo Gonçalves.

66 D. LAURA. D. Laura (mãe quilombola de Ausente), 52 anos: inédito. Minas Gerais: Serro, 22/06/2018. Entrevista concedida a Matheus Henrique Velozo Gonçalves.

[…] né só por conta de ser quilombola não, mas é porque aqui ela tá perto dos meninos, já penso se ela acabar? E essa é uma escola antiga né? Que tem muito o que falar sobre a Comunidade.[67]
É a escola da minha comunidade! E eu formei nela![68]

A importância que atribuem a esta conquista é fruto, também, das experiências vivenciadas por aqueles que tiveram a oportunidade de ir para a escola, mas em outras localidades, e guardam memórias das dificuldades de esse ir e vir, das condições desfavoráveis e da falta de materiais e infraestrutura.

> Eu e a minha irmã aqui, nós levantava 4 horas da manhã, podia tá o sono que tivesse… De primeira ia pro canaviar e cortava a cana e deixava no jeito, muia a garapa, e ia pra escola, lá em Milho Verde, nóis tiro a quarta série foi lá, nóis ia a pé pra lá. Enquanto meu pai ia botá fogo na garapa, minha mãe ia fazer almoço pra gente e nóis fazia os dever, porque se não fizesse o coro comia, aí… E não tinha roupa pra ir pra escolar não, mãe comprava saco de pano de açúcar, fazia uma calcinha curta e uma camisa com esse saco pra gente ir pra escola, pra diferenciar minha mãe tingia ela, tinha vez que num tinha roupa pra trocar não, menino suja roupa de mais, né?! Aí lavava de manhã cedo, enquanto nóis tava cortano cana e mãe fazendo almoço, e secava a roupa no ferro pra roupa seca e nóis ir pra escola, era desse jeito. Tinha vez que num tinha merenda na escola, tinha vez q tinha e tinha vez que não tinha, mai nóis mexia um angu doce, colocava numa latinha… aí… A cana no outro dia tava lá de mais cedo pra moer… Tinha dia que num tinha caderno, aí mãe mandava pega uns ovo ali e levar lá no Toto e trocar por um caderno que tinha oito folha, tinha dia que nóis acabava quebrano o ovo no caminho e ficava sem caderno (risos).[69]

A lembrança de um tempo de dificuldades, que para muitos significou o abandono precoce da escola, ajuda a entender a importância que atribuem a esta conquista, e o quanto a EEQ também diz respeito à questões como facilidade de acesso, diminuição dos riscos envolvidos nos deslocamentos, possibilidade de construção de um projeto de escolarização mais consolidado e menos intermitente, para as novas gerações. Por todas essas razões, percebe-se que a escola de Ausente tem, para a

---

67 SEU ALMIR Seu Almir (pai quilombola de Ausente): inédito. Minas Gerais: Serro, 26/06/2018. Entrevista concedida a Matheus Henrique Velozo Gonçalves.

68 D. DILMA. D. Dilma (mãe quilombola de Ausente), 36 anos: inédito. Minas Gerais: Serro, 03/07/2018. Entrevista concedida a Matheus Henrique Velozo Gonçalves.

69 D. MARTA. D. Marta (quilombola de Ausente), 58 anos: inédito. Minas Gerais: Serro, 07/07/2018. Entrevista concedida a Matheus Henrique Velozo Gonçalves.

comunidade, um significado que transcende o espaço físico, envolvendo relações de memória, direitos conquistados e projetos de futuro.

Essa importância também ajuda a compreender a expectativa dos moradores quanto a uma maior participação das docentes na vida da comunidade. Alguns pais expressaram certa frustração com a ausência ou pouca presença das professoras no cotidiano da comunidade, e relembraram um tempo em que as professoras realizavam visitas em suas casas e até mesmo participavam de festas e celebrações da comunidade. Quando questionados sobre a presença dessas professoras na comunidade e na escola, indagando-se "quem eram elas" ou "qual foi o ano em que elas atuaram", o nome de uma professora era quase sempre lembrado:

> Uai, essas que tava antes, às vezes, a gente fazia uma quadrilha lá na escola elas tava participando é, qualquer festinha que nós fazia, assim, das mãe, elas tava tudo participando.[70]
> A Ivete... E tinha uma outra. Ela tinha muito interesse, sabe, ela dava muito interesse pra Comunidade, no modo de 'ocê' vê que ela tinha interesse com o pessoal, né, com os alunos [...]. Era ela e tinha uma outra que tinha aquele interesse.[71]

A professora Ivete[72] participou de encontros do projeto de extensão Educação Escolar Quilombola no Serro, e mostrava-se sempre muito atuante e envolvida com as questões da comunidade. Em um dos encontrou, relatou a experiência de uma oficina que ministrou, envolvendo alguns moradores, e que teve como tema a criação de capacetes e cantos de Capotê.

As avaliações dos quilombolas em relação às atuais professoras quase sempre tinham como referência a participação dessas ex-docentes, em especial a professora Ivete. Entendemos que faz parte de o trabalho do-

---

70 D. APOLÔNIA. D. Apolônia (mãe quilombola de Ausente), 37 anos: inédito. Minas Gerais: Serro, 20/06/2018. Entrevista concedida a Matheus Henrique Velozo Gonçalves.

71 SEU ANTONIO. Seu Antonio (quilombola de Ausente),542 anos: inédito. Minas Gerais: Serro, 28/06/2018. Entrevista concedida a Matheus Henrique Velozo Gonçalves.

72 A professora Ivete trabalhou como contratada na Prefeitura Municipal e atuou na Comunidade de Ausente por alguns anos. Segundo informações da Secretaria de Educação do Serro, após o concurso público no município, a professora perdeu sua colocação, uma vez que não foi aprovada no referido concurso. Durante o desenvolvimento da pesquisa, tentamos estabelecer uma comunicação com a docente, porém não foi possível.

cente procurar conhecer a comunidade e o contexto em que os alunos estão inseridos; mas a participação mais próxima em cerimônias e festas dentro da comunidade, embora desejável, é algo que não pode ser exigido das professoras, pois extrapola os compromissos e atribuições do trabalho docente. Essa aproximação pode ser favorecida a partir de políticas públicas, sobretudo políticas de contração, que considerem as relações com a comunidade, conforme discutido anteriormente. De qualquer forma, a possibilidade de se construir uma relação de maior proximidade e confiança entre docentes e a comunidade é algo que demanda tempo, e é condicionado por fatores diversos.

Em um dos depoimentos, o morador questiona a identidade da escola como escola quilombola, apontando a necessidade de um corpo docente afinizado e comprometido com as questões e problemas da comunidade:

> Aqui que vejo, não tem uma escola quilombola, falando do quilombo, tem que 'cê' uma professora pra contá... Se é escola quilombola tem que 'cê' escola quilombola, né? E não tem isso aqui.[73]

Embora a ponderação de Seu Antonio seja legítima, entendemos que, apesar de todos os problemas e limites identificados pela pesquisa, a escola de Ausente é assumida e desejada por seus moradores, configurando-se como parte de seu território e como um espaço central e estratégico de sua luta por direitos, o que inclui a construção de um projeto de Educação Escolar Quilombola. Ainda que se possa identificar um longo caminho em direção a uma escola capaz de aprofundar os diálogos e efetivar um trabalho pedagógico capaz de contemplar os saberes, fazeres e histórias da comunidade, não poderíamos concluir este trabalho sem reconhecer a escola de Ausente como uma escola quilombola, entendendo que uma escola quilombola é também um processo em construção, aberto a múltiplas possibilidades, ao devir.

CONSIDERAÇÕES FINAIS

O cenário de construção da EEQ na comunidade desta pesquisa é constituído por diferentes vozes e expectativas. Por um lado, os quilombolas entendem a escola como um espaço seu, local em que se

---

73 SEU ANTONIO. Seu Antonio (quilombola de Ausente),542 anos: inédito. Minas Gerais: Serro, 28/06/2018. Entrevista concedida a Matheus Henrique Velozo Gonçalves.

reúnem e se organizam politicamente, é também na escola que se materializa uma das importantes conquistas da Comunidade.

Os quilombolas de Ausente também parecem compreender que algumas de suas manifestações culturais e identitárias são basilares e, por isso, devem ser ensinados na escola. Isso gera expectativas dos moradores em relação ao trabalho realizado pelas professoras. Quando a vida da comunidade não entra na escola, há uma insatisfação por parte dos quilombolas, que não se sentem representados, exigindo e esperando que os saberes, a história e a memória de Ausente sejam ensinados na escola. Por outro lado, a expectativa dos quilombolas parece, em alguns momentos, extrapolar o que pode ser compreendido como papel da educação escolar, confundindo aspectos da educação informal, que ocorre nas interações entre os familiares, com o que pode – e deve – ser contemplado como saber escolar. Embora muitos quilombolas se vejam e apresentem como protagonistas da construção da EEQ, a participação da comunidade no cotidiano da escola ainda é pontual, havendo a necessidade de uma maior aproximação entre a comunidade e a escola.

Ao mesmo tempo, as professoras que atuam na escola, também importantes protagonistas da construção da EEQ, demonstraram pouco ou nenhum conhecimento das Diretrizes Curriculares Nacionais para Educação Escolar Quilombola, de 2012, da Lei 10.639, de 2003, e suas Diretrizes correlatas, e da própria história e cultura da Comunidade em que atuam. Apesar de reconhecerem a importância social e política em se trabalhar com a EEQ, sua atuação parece ainda muito distante do que efetivamente contribuiria para a construção dessa modalidade educacional. Dito isso, identificamos mais silenciamentos do que protagonismo, por parte das professoras, cujo trabalho pedagógico parece ignorar temas sobre os saberes e histórias da comunidade ou questões relacionadas à diversidade étnico racial. Estas temáticas compareceram de forma muito pontual e não sistematizada, contribuindo pouco para construção e reflexão da EEQ.

No que se refere à atuação do projeto de extensão Educação Escolar Quilombola no Serro, da PUC Minas, por meio do qual tivemos os primeiros contatos com a Comunidade e que nos despertou o interesse por essa investigação, não encontramos elementos que nos permitissem dimensionar o papel que esse projeto de extensão desempenhou para construção da EEQ em Ausente. O que podemos relatar são reminiscências dispersas sobre a participação da extensão nesse processo, e indícios de que a extensão pode ter alimentado expectativas dos quilombolas sobre o papel da escola, sobre a responsabilidade das professoras e a necessidade de uma educação escolar afinada com a história e memória da comunidade.

A pesquisa nos revela que, enquanto um processo, a educação escolar quilombola é permeada de avanços e recuos, rupturas e permanências, assim, não é um processo linear e não é pautada em nenhum modelo ou tipo ideal de EEQ. Trata-se de uma construção que envolve a participação de várias instâncias e sujeitos sociais, tais como o poder público, a sociedade civil, as universidades e, sobretudo, os professores que atuam nas escolas e os próprios quilombolas. Para que se efetive, é necessário a construção de políticas públicas específicas, em âmbito nacional, regional e local, e muito investimento em formação inicial e continuada, capaz de atender tanto às Diretrizes da EEQ, quanto os pressupostos da Lei 10.639/2003. A pesquisa evidenciou que a educação escolar quilombola é, certamente, um processo em construção, e que apesar das dificuldades enfrentadas por seus atores, a educação se mostra como um dos principais elementos para a luta das comunidades quilombolas na efetivação dos seus direitos, valorização de suas culturas e identidades e combate ao racismo e opressão. A nossa investigação buscou contribuir para esse campo de pesquisa, e reafirmar que as interações entre comunidades, professores e outros sujeitos sociais são um forte instrumento para construção e fortalecimento da Educação Escolar Quilombola, em nosso país.

REFERÊNCIAS

ARAÚJO, Clarissa Martins de; SILVA, Everson Melquíades da. Formação continuada de professores: tendências emergentes na década de 1990. *Educação*, Porto Alegre, v. 32, n. 3, p. 326-330, set./dez. 2009.

ARRUTI, José Maurício. Conceitos, Normas e Números: uma introdução à educação escolar quilombola. *Revista Contemporânea de Educação*, v. 12, n. 23, p. 107-142, jan./abr. 2017.

BRASIL. *Diretrizes Curriculares Gerais para a Educação Básica*. Brasília: Conselho Nacional de Educação, 2010.

BRASIL. Resolução CNE/CEB Nº 8, de 20 de novembro de 2012.

CANEN, Ana; XAVIER, Gisele Pereli de Moura. Formação Continuada de professores para diversidade cultural: ênfases, silêncios e perspectivas. *Revista Brasileira de Educação*, v. 16 n. 48 set./dez. 2011.

CEDEFES. *Comunidades quilombolas de Minas Gerais no século XXI*: histórias e resistência. Belo Horizonte: Autêntica, 2008.

CUCHE, Denys. *A noção de cultura nas Ciências Sociais.* Bauru: EDUSC, 2002.

FERREIRA, Cristina dos Santos. Trocar saberes e repensar a escola nas comunidades negras do Ausente, Baú e Quartel do Indaiá. *In:* BRAGA, Maria Lúcia de Santana Braga; SOUSA, Edileuza Penha de; PINTO, Ana Flávia Magalhães (Org.). *Ensino Médio:* mercado de trabalho, religiosidade e educação quilombola. Brasília: Ministério da Educação, Secretaria de Educação Continuada, Alfabetização e Diversidade, 2006. p. 333-348.

GATTI, Bernadete Angelina; BARRETO, Elba Siqueira de Sá (Coord). *Professores do Brasil: Impasses e desafios.* Brasília: UNESCO, 2009

GATTI, Bernadete. *Formação de professores e carreira:* problemas e movimentos de renovação. Campinas: Autores Associados, 1997.

GIL, Antônio Carlos. *Como elaborar projetos de pesquisa.* 4. ed. São Paulo: Atlas 2002.

GOHN, Maria da Glória. Educação não-formal, participação da sociedade civil e estruturas colegiadas nas escolas. *Ensaio: Avaliação e Políticas Públicas em Educação.* Rio de Janeiro, v. 14, n.50, p. 27-38, jan./mar. 2006.

GONÇALVES, Matheus Henrique Velozo. *O processo de construção da educação escolar quilombola em uma comunidade no município do Serro:* diálogos com professoras, comunidade e outros sujeitos sociais. 2019. 182 f. Dissertação (Mestrado) – Programa de Pós-Graduação em Educação Pontifícia Universidade Católica de Minas Gerais, Minas Gerais, 2019.

LITTLE, Paul Elliot. Territórios sociais e povos tradicionais no Brasil: por uma antropologia da territorialidade. *Série Antropologia*, Brasília, n. 322, p. 251-290, 2002.

NUNES, Georgina Helena Lima. Educação Quilombola. *In:* BRASIL. *Ministério da Educação. Orientações e Ações para a Educação das Relações Étnico-Raciais.* Secretária de Educação Continuada, Alfabetização e Diversidade- Brasília, 2006. p.137- 154.

RATTS, Alecsandro J. P; COSTA, Kênia Gonçalves; BARBOSA, Douglas da Silva. Obstáculos e perspectivas dos kalungas no campo educacional. *In:* BRAGA, Maria Lúcia de Santana Braga; SOUSA, Edileuza Penha de; PINTO, Ana Flávia Magalhães (Org.). *Ensino médio: mercado de trabalho, religiosidade e educação quilombola.* Brasília: Ministério da Educação, Secretaria de Educação Continuada, Alfabetização e Diversidade, 2006. p. 309-332.

SANTOS, Maria Elisabete Gontijo dos. A Longa Jornada: obstáculos para a Aplicação dos Direitos Quilombolas no Brasil. *In:* MOREIRA, Agda Marina Ferreira (Org.). *Comunidades quilombolas de Minas Gerais:* entre Direitos e Conflitos. Belo Horizonte: CEDEFES, 2013.

SECRETARIA DE ESTADO DE EDUCAÇÃO DE MINAS GERAIS. Secretaria de Educação publica resoluções específicas para designação em escolas quilombolas e em áreas de assentamento. 10 jan. 2018. Disponível em: http://www2.educacao.mg.gov.br/component/gmg/story/9447-secretaria-de-educacao-publica-resolucoes-especificas--para-designacao-em-escolas-quilombolas-e-em-areas-de-assentamento. Acesso em: 30 ago. 2021.

SOUZA, Edileuza de; NUNES, Georgina Helena Lima; MELO, Willivane Ferreira de Melo. Quilombo, memória e território: Reflexões sobre a educação escolar. *In*: SOUZA, Edileuza de; NUNES, Georgina Helena Lima; MELO, Willivane Ferreira de Melo. *Memória, territorialidade e experiências de educação escolar quilombola*. Pelotas: Ed. UFPel, 2016. p. 19-37.

VEIGA, I. P. *Caminhos da profissionalização do magistério*. Campinas: Papelivros, 1998.

VIZOLLI, Idemar; SANTOS, Rosa Maria Gonçalves; MACHADO, Renato Francisco. Saberes Quilombolas: Um estudo no processo de produção da farinha de mandioca. *Bolema*, Rio Claro, v. 26, n. 42B, p. 589-608, abr. 2012.

ENTREVISTA

Entrevista com Professora Frida, 04/06/2018.

Entrevista professora Elis, 04/06/2018.

Anotações do Caderno de Campo, sala da professora Frida, 21/06/2018.

Entrevista com liderança quilombola de Ausente, D. Conceição 62 anos, 12/07/2018.

Entrevista com quilombolas de Ausente, D. Conceição, 62 anos, 12/07/2018.

Entrevista com quilombolas de Ausente. D. Dolores, 55 anos, 10/07/2018.

Entrevista com quilombolas de Ausente, D. Du Carmo, 64 anos, 12/07/2018.

Entrevista com quilombolas de Ausente, Seu Antonio, 54 anos, 28/06/2018.

Entrevista com quilombolas de Ausente, D. Marta, 58 anos, 07/07/2018.

Entrevista com quilombolas de Ausente, D. Maria Faustina, 65 anos, 10/07/2018).

Entrevista com pais ou responsáveis de Ausente, D. Dilma, 36 anos, 03/07/2018.

Entrevista com pais ou responsáveis de Ausente, D. Laura, 52 anos, 22/06/2018.

Entrevista com Pais ou responsáveis de Ausente, D. Augusta, 32 anos, 05/07/2018.

Entrevista com pais ou responsáveis de Ausente, D. Laura, 52 anos, 22/06/2018.

Entrevista com pais ou responsáveis de Ausente, Seu Almir, idade não revelada, 26/06/2018.

Entrevista com pais ou responsáveis de Ausente, D. Dilma, 36 anos, 03/07/2018.

Entrevista com quilombolas de Ausente, D. Marta, 58 anos, 07/07/2018.

Entrevista com pais ou responsáveis de Ausente, D. Apolônia, 37 anos, 20/06/2018.

Entrevista com quilombolas de Ausente, Seu Antonio, 54 anos, 28/06/2018.

- ⓘ editoraletramento
- 🌐 editoraletramento.com.br
- ⓕ editoraletramento
- ⓘn company/grupoeditorialletramento
- 🐦 grupoletramento
- ✉ contato@editoraletramento.com.br

- 🌐 editoracasadodireito.com
- ⓕ casadodireitoed
- ⓘ casadodireito

GRUPO ED.
LETRAMENTO